AF599686

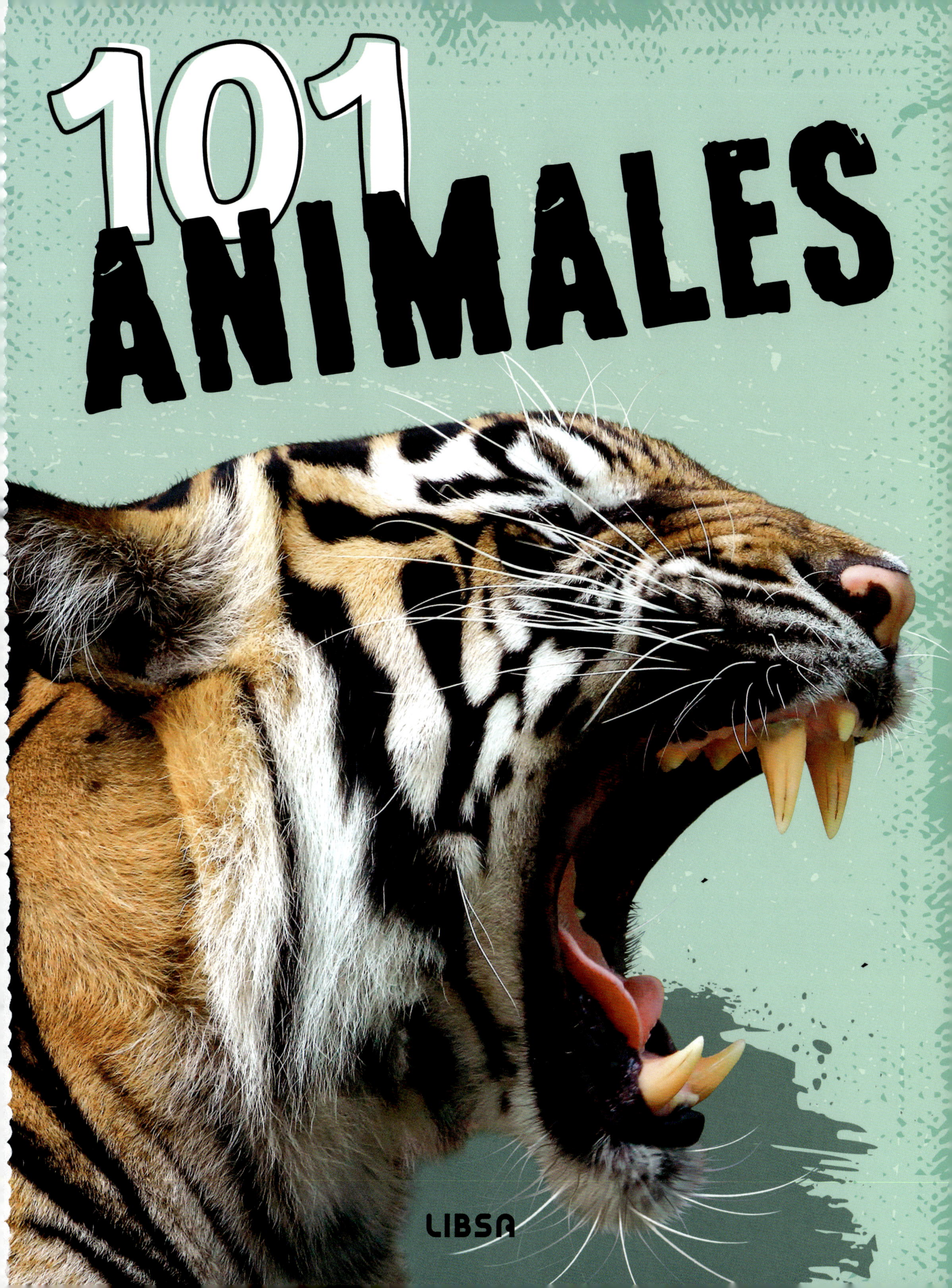
101
ANIMALES
LIBSA

C/ Puerto de Navacerrada, 88
28935 Móstoles (Madrid)
Tel.: (34) 91 657 25 80
e-mail: libsa@libsa.es
www.libsa.es

Textos: Ángel Luis León Panal
Ilustración: Archivo editorial Libsa, Shutterstock Images
Maquetación: Roberto Menéndez González - Diseminando Diseño Editorial
ISBN: 978-84-662-4331-5

DL: M-33473-2023

CONTENIDO

1 ELEFANTE AFRICANO

El más grande del mundo

Los elefantes africanos (*Loxodonta africana*) son los animales terrestres más grandes del planeta. ¡Pueden medir 4 m de altura, 6 m de longitud y pesar más de 6000 kg!

Alimentación	Herbívoro
Tipo de piel	Gruesa y arrugada
Cómo se desplaza	Corre y camina a la vez. Recorre a diario 20 km buscando comida y agua
Reproducción	Como el resto de mamíferos, son vivíparos. Después de un largo período de gestación (22 meses), nace una sola cría con ¡más de 100 kg de peso!

- Los elefantes solo se tumban una hora cada tres o cuatro días. Para evitar que su peso dañe los órganos internos, deben cambiar regularmente de postura. Por eso prefieren dormir de pie algunos minutos. ¡Podrían mantenerse 48 horas sin pegar ojo!

Estos animales son conocidos por su impresionante memoria. Gracias a esta habilidad, en épocas de sequía logran recordar dónde encontrar agua y migrar grandes distancias para vivir en lugares mejores.

- ¿Sabías que los elefantes africanos no pueden sudar? En su lugar, tienen una piel arrugada y llena de minúsculas grietas que les ayuda a retener el agua cuando se bañan en charcas o ríos. Cuando el aire pasa por sus orejas, enfría la sangre que fluye por ellas, ayudando a regular su temperatura corporal.

Los colmillos de los elefantes africanos *(Loxodonta africana)* crecen durante toda su vida. Estos enormes dientes pueden llegar hasta los 2 m de longitud y pesar más de 100 kg.

2 CEBRA Negra con rayas blancas

Cuando las cebras (*Equus quagga*) se agrupan parecen un enorme animal; las rayas hacen que los depredadores como el león o leopardo se confundan a la hora de escoger una sola cebra para atacar.

Alimentación	Herbívora
Tipo de piel	Tienen un solo color de piel: negro. Cada cebra tiene un patrón de rayas diferente, lo que les permite reconocerse entre ellas
Cómo se desplaza	Como los caballos, las cebras pueden andar, trotar, medio galopar y galopar
Reproducción	Tienen una sola cría, después de un tiempo de gestación de un año aproximadamente

Además, su curioso patrón de rayas les sirve para que no les piquen insectos como los tábanos. ¡Estos dibujos repelen a los insectos chupadores de sangre!

- Las cebras prefieren comer temprano en la mañana o al atardecer para evitar el calor intenso. Duermen de pie para evitar ser sorprendidas por los depredadores. Solo se recuestan en el suelo cuando están en grandes grupos y algunos ejemplares vigilan los alrededores.

3 GACELA DE THOMSON Ágil y elegante

La gacela de Thomson (*Eudorcas thomsonii*) es un animal realmente veloz y saltarín. Cuando sienten que hay un depredador acechando, saltan para demostrar su agilidad.

Alimentación	Herbívora
Tipo de piel	Su coloración es marrón claro en la parte superior y blanco en la parte inferior. Además, tiene unas rayas negras en los costados
Cómo se desplaza	Su agilidad la ayuda a alcanzar velocidades de 100 km/h y mantener una marcha por largo tiempo de unos 50 km/h
Reproducción	La gestación dura de cinco a seis meses; luego la futura mamá se retira a corta distancia del rebaño y da a luz una sola cría

- Las gacelas de Thomson tienen cuernos oscuros, ligeramente curvados y decorados con anillos. Los machos tienen cuernos más grandes que las hembras, llegando a medir casi medio metro. Los utilizan para defenderse y luchar entre ellos durante la época de apareamiento.

4 ÑU

Aspecto extraño

El ñu (*Connochaetes taurinus*) parece un extraño cruce entre vaquilla y antílope, con crines largas y desgreñadas y cola empenachada de caballo.

Alimentación	Herbívoro
Tipo de piel	Posee largas barbas que cuelgan a lo largo de todo el cuello desde la barbilla hasta el pecho
Cómo se desplaza	Se desplaza en grandes manadas. Llega a recorrer 1600 km en un año
Reproducción	La hembra da a luz una cría, que nace después de nueve meses de gestación. La cría se pone en pie a los pocos minutos de haber nacido. A los dos días corre incluso más que sus progenitores

- Se reúne en rebaños de más de 200 animales para alimentarse y descansar juntos durante las horas de calor. Pasa la mayor parte del tiempo comiendo hierba.

- Los ñus realizan migraciones épicas en busca de pastos nutritivos. Su viaje más famoso tiene lugar en el Parque Nacional del Serengueti, donde migran más de un millón de ñus, así como otras especies de animales.

5 BÚFALO AFRICANO

El rey de la sabana

El búfalo (*Syncerus caffer*) tiene unos cuernos gruesos y fuertes que crecen curvados hacia arriba y luego hacia dentro. Su gran tamaño y sus afilados cuernos le ayudan a protegerse de los depredadores que se atreven a enfrentarlo. ¡Los machos pueden pesar entre 300 y 900 kg!

Alimentación	Herbívoro
Tipo de piel	El pelaje es marrón oscuro o negro y de corta longitud
Cómo se desplaza	Puede llegar a alcanzar velocidades de hasta 57 km/h
Reproducción	Tras una gestación de alrededor de un año, la hembra puede dar a luz a una o dos crías

- Estos animales viven en grandes manadas. Si uno de sus miembros se encuentra en peligro, los demás acudirán en su ayuda. ¡Juntos son una fuerza imparable!

- Durante los días calurosos se bañan en charcos de lodo. Así se mantienen frescos, pero también protegen su piel de insectos molestos.

6 LEÓN

El rey de la selva

Cazan en equipo. Los leones (*Panthera leo*) viven en manadas donde las hembras son las cazadoras principales. Es el único felino que vive en grupos, los cuales suelen estar compuestos por entre 15 y 30 ejemplares.

- Las hembras unen su fuerza y habilidad para atrapar animales como ñus, cebras, búfalos e incluso ¡jirafas! Mientras tanto, los machos protegen la manada y su territorio.

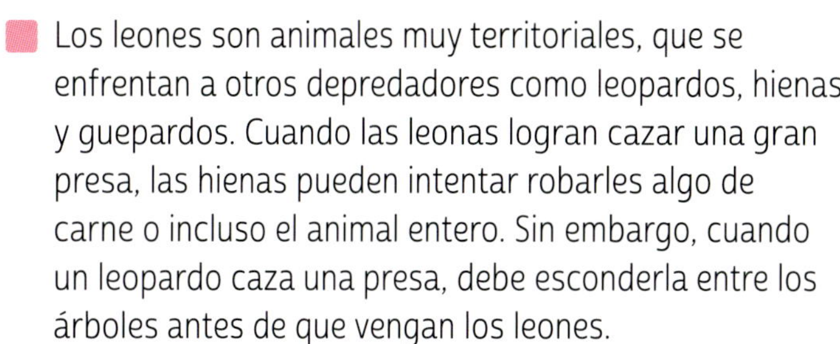

- Los leones son animales muy territoriales, que se enfrentan a otros depredadores como leopardos, hienas y guepardos. Cuando las leonas logran cazar una gran presa, las hienas pueden intentar robarles algo de carne o incluso el animal entero. Sin embargo, cuando un leopardo caza una presa, debe esconderla entre los árboles antes de que vengan los leones.

Alimentación	Carnívoro
Tipo de piel	Su piel es fina y cubierta por un pelo raso y brillante
Cómo se desplaza	Aunque en distancias cortas puede alcanzar los 60 km/h, se desplaza a una velocidad media de 4-5 km/h, es decir, como el paso de una persona
Reproducción	Es vivípara, y la hembra puede tener de tres a seis crías por gestación

Los machos son conocidos por sus melenas. Cuando llegan a la madurez sexual, a los leones macho comienza a crecerles una melena alrededor de su cabeza, cuello y parte inferior del vientre. Este rasgo les sirve para atraer a las hembras, quienes prefieren las melenas más grandes y oscuras.

Los leones son expertos en hacer siestas. Pasan la mayor parte del tiempo descansando, ¡hasta 20 horas al día! En muchas ocasiones, prefieren cazar durante la noche cuando hay luna llena. Así aprovechan la oscuridad para acercarse sigilosamente a sus presas.

Cuentan con una larga lengua que usan para alimentarse de hojas y brotes, principalmente de acacias. Estos árboles tienen multitud de espinas, por eso ¡la lengua de las jirafas está cubierta por un tejido que evita los pinchazos!

7 JIRAFA

La más alta

Las jirafas (*Giraffa camelopardalis*) son famosas por su gran altura. Los machos pueden crecer hasta los 5 m de altura, las hembras hasta los 4 m.

Alimentación	Herbívora
Tipo de piel	El pelaje de las jirafas es muy característico. Están cubiertas de manchas y rayas que les ayudan a camuflarse y reconocerse entre sí
Cómo se desplaza	Cuando van al paso, las jirafas avanzan a la vez las patas del mismo lado
Reproducción	Tienen una sola cría por parto. Generalmente, la madre da a luz completamente de pie

- Antiguamente, se creía que solo existía una especie de jirafa, ¡pero ahora sabemos que son cuatro! Cada una de ellas presenta un patrón único que las diferencia.

Alimentación	Herbívoro
Tipo de piel	Su cuerpo es de color marrón rosáceo, con una piel impermeable de 5 cm de grosor
Cómo se desplaza	Puede correr tan rápido como un humano promedio
Reproducción	Comúnmente dan luz a una cría bajo el agua que pesa entre 27 y 50 kg

8 HIPOPÓTAMO

El más peligroso

Los hipopótamos (*Hippopotamus amphibious*) son tan peligrosos que incluso se enfrentan a cocodrilos.

Sus colmillos son impresionantes, ¡pueden medir más de 20 cm de longitud!

Los hipopótamos presentan adaptaciones en su cuerpo para vivir en el agua. Pasan hasta 16 horas al día sumergidos en ríos y lagos para protegerse del calor.

- Durante la noche, salen de los ríos para aventurarse en tierra, donde se alimentan de hierbas.

9 LEOPARDO

Maestro del sigilo y la astucia

Los leopardos (*Panthera pardus*) son más activos durante la noche, cuando salen a cazar. Son muy hábiles trepando a los árboles, donde descansan entre las ramas, comen sin ser molestados e incluso tienden emboscadas desde las alturas.

Alimentación	Carnívoro
Tipo de piel	El leopardo tiene como característica distintiva las manchas que presenta su pelaje
Cómo se desplaza	Usualmente avanza en una marcha silenciosa y lenta, pero puede brevemente correr a unos 60 km/h
Reproducción	Tras tres meses de gestación, la hembra puede tener de uno a seis cachorros por camada.

Este depredador vive en muchas partes del mundo, como África, algunas regiones de Asia y Oriente Medio. Es un animal solitario, que prefiere cazar y vivir solo, pero a veces se junta con otros leopardos cuando son pequeños o buscan pareja.

10 GUEPARDO El más rápido

El guepardo (*Acinonyx jubatus*) puede correr a una velocidad impresionante de hasta 128 km/h. ¡Eso es tan rápido como un coche en una autopista!

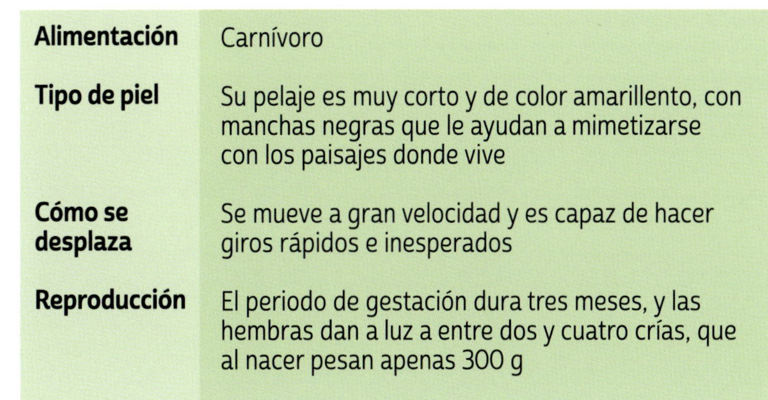

Alimentación	Carnívoro
Tipo de piel	Su pelaje es muy corto y de color amarillento, con manchas negras que le ayudan a mimetizarse con los paisajes donde vive
Cómo se desplaza	Se mueve a gran velocidad y es capaz de hacer giros rápidos e inesperados
Reproducción	El periodo de gestación dura tres meses, y las hembras dan a luz a entre dos y cuatro crías, que al nacer pesan apenas 300 g

El cuerpo del guepardo está adaptado para ser veloz. Tiene patas largas y delgadas que le permiten dar grandes zancadas y alcanzar una gran velocidad en poco tiempo. Además, su cola larga actúa como un timón, ayudándolo a mantener el equilibrio mientras corre.

Aunque es increíblemente rápido, no puede correr durante largas distancias. Por eso, su método de caza consiste principalmente en acechar y acercarse cautelosamente lo más posible a su presa.

11 BISONTE AMERICANO

El rey de las grandes llanuras

Los bisontes americanos (*Bison bison*) son enormes. ¡Pueden crecer más de 3 m de largo y pesar alrededor de 700 kg! Debido a su tamaño, necesitan consumir grandes cantidades de hierba para alimentarse. Por eso, forman manadas y migran en busca de regiones con pastos abundantes.

Alimentación	Herbívoro
Tipo de piel	Su piel es gruesa, con pelo corto y muy rizado de color marrón oscuro o negro
Cómo se desplaza	Puede llegar a desplazarse en manada hasta 3 km por día
Reproducción	El periodo de gestación dura entre 260 y 280 días, alrededor de unos nueve meses. Las hembras dan a luz a una única cría

- El hábitat del bisonte americano abarcaba un amplia área desde Alaska y el oeste de Canadá hasta el norte de México. Estos animales desempeñan un papel vital en el ecosistema, ya que contribuyen al mantenimiento de las praderas y su biodiversidad. ¡Por eso es importante proteger y preservar a estos fabulosos animales!

- Durante décadas, los bisontes fueron cazados y su población disminuyó drásticamente. Afortunadamente, gracias al trabajo para su conservación, actualmente las manadas de bisontes están creciendo y prosperando.

- El bisonte tiene una forma muy ingeniosa para protegerse de los molestos mosquitos. Frota sus cuernos en los troncos de cedros y pinos, para así impregnarse con un aroma que ¡ahuyenta a estos insectos!

12 LOBO El gran depredador

Cuando los lobos (*Canis lupus*) cazan, trabajan en equipo. Se acercan sigilosamente a sus presas, como ciervos y renos, que suelen vivir en grandes grupos. Por eso deben coordinar sus movimientos para evitar ser detectados.

Alimentación	Carnívoro
Tipo de piel	Tiene una piel gruesa que puede ser de diferentes colores: blanca, marrón, canela, negra y gris
Cómo se desplaza	Las manadas viajan constantemente en busca de presas, cubriendo alrededor de 25 km/día más o menos.
Reproducción	Es una especie monógama, por lo que la unión de las parejas se mantiene durante toda la vida

El aullido de los lobos es una de sus formas de comunicación más famosas. Los aullidos no son para hablar con la Luna, ¡sino para anunciar su presencia a otras manadas cercanas!

También marcan su territorio con olores, así los demás saben que ese lugar les pertenece.

Los lobos necesitan vivir en manadas para sobrevivir. Estos grupos están compuestos por entre cinco u once lobos, liderados por una pareja formada por una hembra y un macho. Juntos buscan presas para alimentarse.

13 PERRITO DE LAS PRADERAS

Excelente constructor

Los perritos de la praderas de cola negra (*Cynomys ludovicianus*) viven junto a su familia en un increíble mundo bajo tierra. Construyen túneles y crean una red subterránea muy extensa.

Alimentación	Herbívoro
Tipo de piel	Su pelaje tiene un tono marrón grisáceo, algo más oscuro por arriba
Cómo se desplaza	Vive en grandes colonias, con varias familias que pueden abarcar cientos de m^2
Reproducción	La gestación dura de 28 a 32 días. La mamá pare entre una y ocho crías. Al nacer, estas carecen de pelo y tienen los ojos cerrados

Estos simpáticos animales trabajan juntos para construir madrigueras y buscar alimento. Son muy sociables y se comunican entre ellos con sonidos y movimientos de su cuerpo.

14 SERPIENTE DE CASCABEL

Una de las más peligrosas

La serpiente de cascabel (*Crotalus atrox*) vive en el sur de América del Norte, en lugares calurosos como desiertos y praderas.

Alimentación	Carnívora. Su alimentación incluye aves, lagartos y mamíferos
Tipo de piel	Cubierta de escamas
Cómo se desplaza	Se desplaza reptando
Reproducción	Es una especie ovovivípara, es decir, que las crías nacen de huevos que son incubados en el interior de la madre

Cuando llueve, estas serpientes son capaces de beber gracias a sus escamas. El agua que se acumula en la parte superior de su cuerpo es dirigida hacia su boca.

En la punta de su cola tienen una especie de sonajero que utilizan como advertencia. Cuando se sienten amenazadas, mueven su cola y producen un sonido característico. Es como si dijeran «¡Cuidado, estoy aquí!».

Estas serpientes utilizan sus dientes especializados para inyectar veneno a sus presas. Aunque son venenosas, también son cazadas por otros animales como zorros o aves rapaces.

15 ANTÍLOPE AMERICANO

Exceso de velocidad

El antílope americano (*Antilocapra americana*) es uno de los animales más rápidos de América del Norte. Gracias a esto puede escapar rápidamente de sus depredadores.

Alimentación	Herbívoro
Tipo de piel	Su pelaje es denso y muy grueso, de color café y blanco
Cómo se desplaza	Cada año viajan largas distancias en busca de alimento y agua. Puede correr a una velocidad de hasta 95 km/h
Reproducción	Las hembras primerizas tienen una sola cría, mientras que las que ya se han quedado embarazadas con anterioridad paren mellizos.

Sus cuernos se ramifican en forma de Y y pueden crecer hasta 50 cm. Los usan para defenderse y para luchar durante la época de apareamiento.

16 JAGUAR

Un mordisco peligroso

Los jaguares (*Panthera onca*) tienen un pelaje moteado, similar al de los leopardos. Esta especie es el tercer felino más grande del mundo, después de tigres y leones.

El jaguar tiene el mordisco más poderoso de todos los felinos. ¡Sus dientes son tan fuertes que pueden atravesar un cráneo! Esto significa que son capaces de cazar presas grandes y fuertes.

- El jaguar es un cazador habilidoso. A diferencia de otros felinos, no le teme al agua. ¡Puede nadar y cazar en ella! Utiliza su sigilo y velocidad para acechar a sus presas. Incluso es capaz de atrapar caimanes.

- Estos felinos habitan en América del Sur, en lugares como la selva amazónica y las selvas tropicales de Centro y Sudamérica. Prefieren vivir cerca de ríos y lagos, donde pueden encontrar una gran variedad de presas.

- A pesar de ser un depredador formidable, el jaguar está en peligro de extinción. La destrucción de su hábitat y la caza furtiva han reducido drásticamente su población. ¡Es importante proteger a estos majestuosos animales!

Alimentación	Es estrictamente carnívoro. Entre sus presas se incluyen venados, pecaríes, tapires, iguanas, capibaras, armadillos y monos
Tipo de piel	Presenta un dibujo característico con la piel moteada de rosetas, que consisten en un círculo de manchas negras que rodean a otra central de color claro
Cómo se desplaza	Es un trepador y nadador excelente. Se desplaza en la época de las inundaciones.
Reproducción	Después de una gestación de 100 días, la hembra da a luz de dos a cuatro cachorros

17 MONO AULLADOR

El más ruidoso

Los monos aulladores (*Alouatta palliata*) tienen una dieta especial. Mayormente se alimentan de hojas que encuentran en los árboles, pero también disfrutan de los deliciosos higos.

Alimentación	Su dieta consiste principalmente en hojas. También comen nueces, algunas frutas y ocasionalmente huevos de aves
Tipo de piel	Se caracteriza por su color rojo anaranjado en todo el cuerpo y su cara desnuda de color negro y con una especie de barba
Cómo se desplaza	Se desplaza apoyado en sus cuatro extremidades y utiliza la cola como ayuda
Reproducción	La hembra pare una sola cría, que es muy indefensa al nacer, por lo que carga a su bebé durante varios meses

- Las hojas que comen no les brindan mucha energía, así que necesitan descansar para ahorrar fuerzas. Por eso toman largas y relajantes siestas en la copa de los árboles.

- Estos primates son conocidos por sus aullidos tan fuertes que pueden oírse a varios kilómetros de distancia. ¡Imagina lo ruidosos que son! El motivo de estos aullidos es comunicarse con otros ejemplares de su especie y marcar su territorio.

18 TAPIR Pequeña trompa

El tapir (*Tapirus terrestris*) es un animal que vive en Sudamérica, cerca de ríos y pantanos. El rasgo más curioso de esta especie es su nariz, la cual se parece a la trompa pequeña de un elefante.

Alimentación	Se alimenta de hojas, frutos, semillas y corteza de hierbas, arbustos y árboles
Tipo de piel	Piel gruesa con pliegues carnosos
Cómo se desplaza	El tapir se desplaza en áreas enormes, moviéndose entre 3 y 4 km por noche
Reproducción	Tienen una sola cría por parto y la gestación dura 13 meses

- A los tapires les encanta el agua. Son nadadores excelentes, capaces incluso de bucear para encontrar plantas acuáticas. Pueden sumergirse bajo el agua durante varios minutos o ¡usar su trompa como si fuera un tubo de esnórquel!

19 COLIBRÍ
El ave más pequeña

Los colibríes tienen lenguas largas y especiales que les permiten llegar al dulce néctar de las flores mientras vuelan. Algunas especies tienen lenguas tan largas que deben enrollarlas detrás de su cráneo.

¿Sabías que los colibríes ponen los huevos más pequeños? El zunzuncito (*Mellisuga helenae*) es un colibrí que vive en Cuba y es el ave más pequeña del mundo. ¡Mide solamente 6 cm de largo y pesa 2 gr! Las hembras de esta especie ponen dos huevos que son del tamaño de un grano de café.

Alimentación	Los colibríes se alimentan principalmente del néctar de las flores
Tipo de piel	Presenta un plumaje muy colorido, generalmente de color verde metálico
Cómo se desplaza	Los colibríes son los acróbatas del aire: pueden volar de un lado a otro, hacia atrás e incluso quedarse suspendidos en un punto
Reproducción	La hembra pone dos huevos en un período de dos días y los empolla durante 14 a 19 días

El colibrí picoespada (*Ensifera ensifera*) tiene un pico largo y fino que es más grande que su propio cuerpo. ¡Mide 10 cm! Así puede alimentarse de las flores más largas.

20 TUCÁN
Hermoso y especial

Alimentación	Las frutas y las verduras son el plato principal en su dieta, pero también huevos y polluelos de otras aves, insectos, lagartijas y pequeños roedores
Tipo de piel	El plumaje dominante es negro, y eso acentúa aún más el contraste con su cuello y la base de la cola, blancos. Lo más característico es su pico, de tonalidades anaranjadas o amarillentas
Cómo se desplaza	Se desplazan a través del bosque en pequeños grupos saltando por los árboles
Reproducción	Son aves monógamas que forman parejas permanentes

Los tucanes son famosos por sus picos grandes y coloridos. El pico del tucán toco (*Ramphastos toco*) es enorme. ¡Mide más de 20 cm!

En su mayoría, los picos de los tucanes son huecos para que así no les suponga una carga cuando vuelan. Una de las funciones de este pico es eliminar el calor corporal del animal, para así refrescarse en los días más calurosos. Los picos también les sirven para exhibirse durante el cortejo.

21 DELFÍN ROSADO Delfín de agua dulce

El delfín rosado (*Inia geoffrensis*) es una especie adaptada a la vida en los grandes ríos. Concretamente, estos animales habitan las aguas de los ríos Amazonas y Orinoco.

- Como todos los delfines, estos animales cuentan con una adaptación especial llamada ecolocalización. Después de emitir una serie de sonidos y clics, son capaces de escuchar el eco que rebota en los objetos. Esto les ayuda a encontrar comida, ¡incluso en las aguas más turbias!

Alimentación	Se alimenta de peces, y a veces come cangrejos, moluscos y tortugas de agua dulce
Tipo de piel	Lo que más llama la atención es el tono rosa de su piel
Cómo se desplaza	Pueden viajar hasta 30 km al día buscando comida
Reproducción	Los delfinitos nacen en el agua tras 11 meses de gestación y la única cría no se emancipa de la madre hasta los dos o tres años

- Son muy difíciles de ver, aunque en algunas ocasiones se exhiben saltando fuera del agua, ¡como si fueran acróbatas!

Cuando nacen, la piel de estos delfines es de color grisáceo. Conforme van creciendo, van adquiriendo su tono rosado debido a la abrasión de la piel con el lecho del río, la vegetación acuática y otros elementos del agua. Los machos presentan un color rosa más intenso.

- Los delfines rosados viven en grupos de hasta 15 ejemplares. Se comunican entre ellos mediante silbidos y chasquidos. Aunque su visión no es mala, presentan ojos muy pequeños debido a la turbidez de su ambiente.

22 ARAPAIMA Un fósil viviente

El arapaima (*Arapaima gigas*) es uno de los peces de agua dulce más grandes del mundo. ¡Pueden alcanzar hasta 3 m de largo y pesar 200 kg!

- Estos peces cazan gracias a su gran boca, la cual abren con un movimiento rápido para tragar a sus presas. Son capaces de saltar fuera del agua, ¡para así capturar pequeños animales que están fuera!
- Curiosamente, estos peces deben respirar aire. Por este motivo, cada 5 o 15 minutos, acuden a la superficie para tomar algo de aire. Su vejiga natatoria, un órgano especial de los peces, está adaptada para captar oxígeno al igual que los pulmones.

Alimentación	Su alimento principal son peces, aunque también comen lo que se encuentran: aves, reptiles, insectos...
Tipo de piel	Tiene escamas extremadamente duras parecidas a armaduras para defenderse de las pirañas
Cómo se desplaza	Es un pez de agua dulce originario de América del Sur
Reproducción	Construye su nido en áreas arenosas. Uno de los progenitores, el macho probablemente, posee unos tubérculos blanquecinos en la cabeza que secretan una especie de leche que sirve de alimento para las crías

23 PIRAÑA

El pez más feroz

Las pirañas de vientre rojo (*Pygocentrus nattereri*) son famosas por sus dientes puntiagudos y afilados en forma de triángulo. Estos «dientecitos» les ayudan a arrancar bocados de carne cuando cazan o se alimentan de carroña.

Alimentación	Se alimenta de peces, semillas y frutos. Es en grupo cuando pueden atacar a animales tan grandes como un buey
Tipo de piel	Sus escamas son plateadas, pero su vientre y la parte inferior de su cabeza pueden variar de color entre rojo, amarillo y naranja
Cómo se desplaza	Solamente se encuentra en las aguas dulces del centro y sur de América. El Amazonas es el lugar donde hay la mayor concentración de esta especie
Reproducción	El macho construye el nido excavando en el fondo del agua. La hembra deposita hasta 1 000 huevos que son fertilizados y cuidados por el macho hasta la eclosión

- La mala fama de las pirañas no es del todo merecida, ya que son peces principalmente carroñeros. Cuando cazan, se ocultan en sitios oscuros del río o entre las plantas acuáticas, para así acechar a sus presas, que suelen ser pequeños peces, crustáceos e insectos.

24 ANACONDA

La más grande del mundo

Las anacondas verdes (*Eunectes murinus*) son unas serpientes enormes. Las hembras pueden medir hasta 8 m de largo y pesar hasta 200 kg. Esta especie habita en las zonas tropicales de América del Sur.

Alimentación	Se alimenta de peces, reptiles, aves acuáticas y mamíferos
Tipo de piel	Su color es gris-verdoso, con manchas redondeadas oscuras, casi negras, a lo largo del dorso y en los flancos, y el vientre blanco amarillento
Cómo se desplaza	La mayoría de las serpientes utilizan escamas de la parte ventral para desplazarse
Reproducción	Vivípara, con cerca de 50 crías por camada

- Al igual que otras serpientes, las anacondas utilizan su lengua bífida para seguir el rastro de sus presas o buscar pareja. Su lengua recoge moléculas del suelo y el aire, que luego analizan con un órgano especial llamado órgano vomeronasal, ubicado en el paladar.

25 ANGUILA ELÉCTRICA

Poderosa descarga

Las anguilas eléctricas (*Electrophorus electricus*) son unos asombrosos peces que pueden crecer hasta los 2 m de longitud y pesar unos 20 kg. Aunque se les llama anguilas, en realidad no es una anguila verdadera.

- Estos peces cuentan con una habilidad muy especial. ¡Pueden utilizar la electricidad para comunicarse, defenderse y cazar! Cuando necesita protegerse o atrapar a su presa, emite descargas eléctricas de hasta 850 voltios.

Alimentación	Pequeños invertebrados
Tipo de piel	Su cuerpo está cubierto por una piel de color gris verdoso desprovista casi completamente de escamas
Cómo se desplaza	Se mueve por el fondo de los ríos, aunque puede permanecer bastante tiempo fuera del agua
Reproducción	La hembra deposita alrededor de 17000 huevos en un nido, construido por el macho con su saliva, en la superficie del agua o entre las raíces de algunas plantas acuáticas

26 TIGRE El felino más grande

El tigre (*Panthera tigris*) es la especie de felino más grande de la Tierra. Los machos de una de sus subespecies, el tigre siberiano, pueden medir más de 2 m de longitud y pesar hasta 200 kg.

Gracias a sus rayas, los tigres pueden ocultarse entre la hierba alta mientras cazan. Las rayas verticales negras y blancas son únicas para cada individuo. Los científicos que estudian a estos felinos utilizan las rayas para identificarlos y darles nombres. ¡Es como si tuvieran su propio código de barras!

- A los tigres les gusta el agua. Un río, por ejemplo, no es problema para ellos. Si quieren dirigirse a algún lugar en particular, son capaces de sumergirse sin problema y llegar a nadar hasta 30 km.

Alimentación	Sus presas favoritas son búfalos, ciervos, antílopes, jabalíes o incluso rinocerontes
Tipo de piel	Tiene un hermoso pelaje negro y anaranjado y el vientre de color blanco
Cómo se desplaza	Les gusta recorrer grandes territorios a su aire y llevar una vida solitaria
Reproducción	Tras la fecundación, la hembra lleva a sus crías en el vientre durante 12 semanas. La camada suele ser de unos tres cachorritos, aunque a veces nacen más

- A diferencia de los leones, los tigres prefieren gestionar grandes territorios de selvas, bosques o sabanas de forma solitaria. Cuando buscan pareja, pasan un tiempo juntos, pero luego continúan su camino por separado.

Los tigres cuentan con dientes largos y afilados llamados caninos o colmillos. Este felino posee unos colmillos impresionantes que pueden medir hasta 9 cm de largo. También tienen otros dientes que utilizan para cortar carne y huesos.

27 RINOCERONTE INDIO

Rinoceronte unicornio

El rinoceronte indio (*Rhinoceros unicornis*) es conocido por contar con una piel dura y gruesa que lo protege.

Alimentación	Es un animal herbívoro que se sustenta de una dieta exclusivamente vegetal
Tipo de piel	Su piel es particularmente gruesa, entre 1,5 y 5 cm de grosor, y está compuesta por capas superpuestas de colágeno, sin pelo
Cómo se desplaza	A pesar de su impresionante tamaño, es un animal muy ágil, capaz de galopar a gran velocidad y girar en plena carrera
Reproducción	La gestación tiene una duración de unos 16 meses, que culmina con el parto de una sola cría que pesa unos 70 kg

Aunque se trata de animales fuertes, los rinocerontes son herbívoros tranquilos. Pasan la mayor parte del tiempo pastando, mientras recorren con calma su hábitat.

28 ORANGUTÁN

Hombre del bosque

Los orangutanes (*Pongo*) son unos increíbles animales que habitan en las selvas del sudeste asiático.

Alimentación	La mayor parte de su dieta se compone de fruta y hojas que recoge de los árboles de la selva. También come corteza, insectos y, muy de vez en cuando, carne
Tipo de piel	Su pelaje es áspero y de color rojizo, no cubre la cara y deja ver su piel grisácea
Cómo se desplaza	El orangután es un animal auténticamente arborícola: trepa y camina en los árboles, balanceándose de rama en rama
Reproducción	Las hembras solo dan a luz cada ocho años, por lo que son los mamíferos que más tiempo se llevan entre un nacimiento y otro. El bebé orangután suele pasar unos seis años junto a su madre

Las crías de orangutanes están muy unidas a sus madres. Desde que nacen, permanecen junto a ellas, y cargan con sus pequeños mientras se mueven por el bosque. A medida que crecen, los bebés comienzan a trepar por los árboles, pero no se alejan demasiado de la seguridad aportada por sus madres.

29 OSO PANDA

Uno de los más famosos

El oso panda (*Ailuropoda melanoleuca*) es un bambú gourmet. Aunque es carnívoro y tiene un sistema digestivo preparado para ello, adora el bambú.

Alimentación	Su alimentación consiste principalmente en plantas de bambú. Puede llegar a comer entre 9 y 14 kg de esta planta al día. También se alimenta de insectos y huevos de aves
Tipo de piel	Posee un pelaje blanco con partes negras alrededor de los ojos, en las orejas, hocico, hombros y extremidades
Cómo se desplaza	Parece sedentario, pero en realidad disfruta mucho trepando y nadando
Reproducción	Tras cinco meses de gestación, la hembra da a luz de una a dos2 crías totalmente ciegas y de apenas 140 gr de peso. Cuando nacen son completamente blancas y según crecen van adquiriendo su particular coloración.

Pasa la mayor parte del día durmiendo y comiendo, pero a diferencia de otras especies de osos, el panda no hiberna.

30 PANDA ROJO

Un nombre engañoso

El panda rojo (*Ailurus fulgens*) es un animal arborícola. Durante el día, esta especie prefiere descansar en las ramas altas de los árboles o en huecos de troncos.

Aunque su nombre común incluye la palabra «panda», esta especie no está relacionada con los pandas ni con los osos.

Alimentación	Su alimentación es sobre todo bambú y ocasionalmente pequeños mamíferos, aves, huevos, bayas y otros vegetales
Tipo de piel	Tiene el cuerpo cubierto de un largo, áspero y denso pelaje de color rojo, que se oscurece en la zona ventral y hacia las patas, en las cuales tiende a ser negro
Cómo se desplaza	Se mueve de forma lenta sobre el suelo
Reproducción	La hembra da a luz dos crías en el interior de un nido situado dentro de un árbol. Las crías nacen ciegas e indefensas, y abren los ojos a los 18 días de vida.

31 OKAPI Mezcla curiosa

El okapi (*Okapia johnstoni*) es un animal muy curioso que vive en selvas situadas al norte de la República Democrática del Congo, en África. Se parece a una cebra, ¡pero en realidad es parte de la familia de las jirafas!

Alimentación	Come hojas, brotes, gramíneas, helechos, frutos y hongos
Tipo de piel	Tiene un pelaje con rayas negras y blancas, que le ayudan a esconderse entre la vegetación de la selva
Cómo se desplaza	Al igual que las jirafas, los okapi caminan simultáneamente con la pata delantera y trasera del mismo lado del cuerpo, en lugar de mover patas alternas a ambos lados
Reproducción	Los okapis viven en un entorno solitario. Tan solo durante la época de celo el macho y la hembra están juntos, o mientras que la hembra cría a su bebé

- Prácticamente no utilizan la voz, lo que les hace parecer mudos. Solo se oye a las crías cuando buscan a las madres o a los adultos en época de celo.

- Esta especie se encuentra en peligro de extinción. Esto significa que hay muy pocos okapis en el mundo. La destrucción de su hábitat y la caza furtiva son las principales amenazas para su supervivencia. ¡Debemos trabajar juntos para protegerlos!

Su lengua es muy larga y de color azul oscuro. ¡Puede medir hasta 30 cm! Gracias a esta lengua, pueden alcanzar las hojas de los árboles más altos.

Al igual que las jirafas, los machos de okapi tienen osiconos en sus cabezas. Estos cuernos son cortos, ya que miden menos de 15 cm. Los usan para luchar durante la época de reproducción y mostrar su fuerza.

32 BONOBO El chimpancé pacifista

El bonobo (*Pan paniscus*) es un primate que se parece mucho a los chimpancés, pero tiene algunas características distintivas. La cara de los bonobos presenta un color más negro, sus orejas son más pequeñas y las piernas más largas.

Alimentación	Los bonobos comen muchas frutas y semillas, pero también hojas, tallos, cortezas, caucho, hongos, miel, tierra e incluso otros animales
Tipo de piel	La piel del bonobo tiene una pigmentación oscura, con la que ya cuenta desde su nacimiento, incluso en el rostro, y un pelaje también muy oscuro
Cómo se desplaza	Su locomoción es sobre nudillos, aunque también caminan erguidos
Reproducción	Tras una gestación de unos ocho meses, el bonobo hembra da a luz un solo bebé. El bebé bonobo es amamantado y cuidado por la madre hasta que tiene entre tres y seis años

En los bonobos las hembras son las líderes del grupo. Ellas toman decisiones importantes y mantienen la paz en la comunidad. Para comunicarse entre ellos, los bonobos usan diferentes sonidos y gestos.

33 GORILA

El primate más grande

Los gorilas occidentales (*Gorilla gorilla*) son primates grandes y fuertes. Esta especie vive en varias selvas de África.

Los gorilas occidentales son muy inteligentes. ¡Se les ha visto usando palos como herramientas para comprobar la profundidad del agua!

Alimentación	Un gorila come hojas, tallos, frutas, cortezas y brotes, y ocasionalmente invertebrados pequeños como hormigas, gusanos, termitas y larvas
Tipo de piel	Los gorilas tienen la piel y el pelaje de color oscuro: negro, marrón o gris. Cuando envejecen el pelo de la espalda se les vuelve canoso y reciben el nombre de «espaldas plateadas»
Cómo se desplaza	Los gorilas se desplazan generalmente a cuatro patas
Reproducción	Al igual que en el caso del ser humano, las hembras dan a luz una cría por cada parto, y rara vez se producen gemelos. Los pequeños, que nacen con unos 2 kg de peso, son cuidados principalmente por su madre

34 ESCARABAJO GOLIAT Uno de los más grandes

El escarabajo Goliat (*Goliathus*) es un insecto gigante. ¡Puede llegar a medir hasta 10 cm de longitud!

Los machos de escarabajo Goliat poseen cuernos en forma de Y en su cabeza. Estos cuernos les sirven para competir entre ellos, demostrar quién es el más fuerte y poder reproducirse.

Alimentación	Se alimenta de néctar y polen, así como de fruta y de savia. Sus larvas necesitan un alimento más rico en proteínas, como cadáveres en putrefacción
Tipo de piel	Presenta una característica coloración negra y blanca que los diferencia de otros coleópteros
Cómo se desplaza	A pesar de su peso, los escarabajos vuelan activamente en los bosques de África tropical. El ruido emitido por las alas recuerda al de un helicóptero
Reproducción	Después del apareamiento, las hembras ponen sus huevos, y los adultos mueren poco después. Estos insectos tienen una vida útil de solo unos pocos meses

35 HORMIGAS

Increíblemente fuertes

Las hormigas son famosas por construir hogares subterráneos llamados hormigueros. Aquí, excavan largas galerías donde almacenan comida y cuidan de sus huevos y larvas. ¡Algunos hormigueros pueden albergar millones de hormigas!

Alimentación	Comen semillas, madera, hojas, animales muertos, sustancias azucaradas que secretan otros insectos, hongos e incluso néctar
Tipo de piel	Cuentan con exoesqueleto, una cobertura exterior que sirve de carcasa protectora alrededor del cuerpo y de punto de anclaje para los músculos
Cómo se desplaza	La mayoría de hormigas se desplazan andando.
Reproducción	Las hormigas nacen de los huevos que pone la reina. Solo la reina tiene la capacidad de reproducirse

Las hormigas son consideradas uno de los animales más fuertes del mundo. Gracias a sus poderosas mandíbulas y su increíble fuerza, pueden cargar alimentos hacia el hormiguero y mover arena, piedras y basura de las galerías.

36 OSO PARDO El más común de los osos

Durante el invierno, los osos pardos (*Ursus arctos*) se refugian en sus madrigueras, donde pasan la mayor parte del tiempo durmiendo. Durante estos meses de hibernación, no necesitan comer, ya que se alimentaron mucho antes y acumularon grasa para sobrevivir.

Alimentación	Los osos son omnívoros, pero su alimento preferido son los panales de miel. Además cazan pequeños vertebrados e insectos y, en el momento de remonte de los salmones en los ríos, se hacen pescadores, concentrándose cerca de las orillas
Tipo de piel	Su color pardo oscuro varía también desde el castaño al gris
Cómo se desplaza	Una de las peculiaridades del oso pardo es que es un animal plantígrado, es decir, apoya todo su peso en las plantas de los pies, al igual que los humanos
Reproducción	Cada dos años nacen de dos a tres oseznos en los meses de enero a febrero dentro de la osera, durante la hibernación

Si tienes la suerte de encontrarte con las huellas de un oso pardo, podrás reconocerlas por su tamaño. ¡Son muy grandes! El oso pardo es pentadáctilo, lo cual significa que tiene cinco dedos en cada pata. Al final de cada dedo, tienen garras afiladas y poderosas.

Los osos son animales generalmente solitarios. Prefieren vivir y explorar su territorio por sí mismos. Cada oso tiene su propio espacio y evita encontrarse con otros de su especie, a menos que sea la temporada de apareamiento o haya comida abundante.

Los zorros rojos suelen vivir en parejas o en grupos pequeños, donde todos los miembros son familiares. Las camadas de crías suelen ser de cuatro a seis cachorros adorables. Estos pequeños permanecen ocultos en su madriguera, donde están protegidos y seguros. Solo salen a explorar y jugar cuando no hay peligro cerca.

37 ZORRO Depredador nocturno

El zorro rojo o común (*Vulpes vulpes*) es un animal muy cauteloso y silencioso. Prefiere salir a cazar por la noche. Durante el día, se oculta en su madriguera, un lugar seguro donde puede descansar y protegerse.

Alimentación	Se alimenta principalmente de pequeños roedores, aunque también puede alimentarse de conejos, aves, reptiles, ciervos jóvenes e incluso frutas y verduras
Tipo de piel	Su pelaje es bastante denso por todo el cuerpo, y su coloración es muy variable, predominando el color pardo-rojizo
Cómo se desplaza	Son capaces de desplazarse a una velocidad de 37 km/h
Reproducción	El período de gestación puede durar de 50 a 60 días, transcurridos los cuales se produce el alumbramiento de entre tres y cinco crías

Las astas del ciervo rojo pueden crecer a una velocidad de 2,5 cm al día.

38 CIERVO Porte majestuoso

Los machos del ciervo rojo (*Cervus elaphus*) tienen astas ramificadas y afiladas que usan para luchar entre ellos o defenderse. Estas cornamentas pueden ser realmente grandes, llegando a medir más de 1 m de longitud y pesar hasta 5 kg.

Alimentación	Es herbívoro, es decir, se alimenta de diferentes plantas y también de hierba
Tipo de piel	Es de color rojizo en primavera y verano y más grisáceo en invierno
Cómo se desplaza	Se desliza cautelosamente y cuando está en peligro escapa mediante una serie de saltos. Puede correr a más de 64 km/h y es un excelente nadador
Reproducción	Los machos compiten por las hembras y se enfrentan en combates uno contra otro. Tras siete meses de gestación nace generalmente un cervatillo

39 JABALÍ Un mamífero de gran olfato

El jabalí (*Sus scrofa*) cuenta con un increíble sentido del olfato. Gracias a él puede encontrar comida como setas, bellotas e ¡incluso animales que se esconden bajo tierra!

Alimentación	Es omnívoro: frutos (bellotas, castañas, bayas), tubérculos, raíces, cereales, gusanos, insectos, mamíferos pequeños, culebras, hongos, frutas caídas, caracoles, huevos y pollos de aves, crías de cérvidos, carroña, etc.
Tipo de piel	El pelaje del jabalí es corto, grueso y áspero al tacto, con un color que varía con la edad
Cómo se desplaza	Durante el día es normalmente sedentario, pero por la noche puede recorrer distancias considerables, de entre 2 y 14 km, normalmente al trote ligero
Reproducción	Los nacimientos ocurren en nidos muy trabajados y acondicionados por la madre. Tienen una camada por año. Las crías, llamadas rayones, son capaces de ver y están bien recubiertas de pelaje

Los jabalíes macho tienen cuatro colmillos especiales llamados caninos, que crecen mucho más que el resto de sus dientes. Algunos de estos colmillos pueden medir ¡más de 10 cm de largo!

40 CIERVO VOLANTE El escarabajo más grande de Europa

Los machos de escarabajo ciervo volante (*Lucanus cervus*) tienen unas mandíbulas enormes que parecen cuernos de ciervo que usan para luchar entre ellos durante la época de apareamiento.

- El ciervo volante es el escarabajo más grande que habita en Europa. Los machos crecen hasta alcanzar 7,5 cm de largo, mientras que las hembras no miden más de 5 cm.

Alimentación	Se alimenta de productos vegetales: néctar y savia
Tipo de piel	La cabeza y el tórax (parte media) del ciervo volante son de color negro brillante y su piel exterior es marrón
Cómo se desplaza	Puede realizar vuelos cortos para desplazarse por su territorio
Reproducción	Las hembras eligen árboles viejos o tocones en los que poner los huevos. La puesta se compone de unos 20 huevos de unos 3 mm de longitud, que eclosionan a las dos o cuatro semanas

41 CANGURO

El más grande de los marsupiales

El canguro rojo (*Macropus rufus)* solo habita en Australia, en especial en zonas de pastizales, matorrales y desiertos.

Alimentación	Su dieta es totalmente vegetal: hierbas, ramas, arbustos, hojas, flores, helechos, musgo, fruta, etc.
Tipo de piel	Los machos tienen pelaje marrón rojizo, mientras que las hembras son de color azul grisáceo
Cómo se desplaza	Deben saltar o brincar para moverse. Tienen poderosas patas traseras en forma de Z para impulsarse y una cola grande que usan para mantener el equilibrio cuando se sientan o se mueven
Reproducción	El tiempo de gestación de los canguros es relativamente corto, solo 38 días, al final de los cuales la cría nace, se traslada por el cuerpo de su madre y se refugia en el marsupio

Los canguros son marsupiales, lo cual significa que tienen una bolsa especial llamada marsupio. Esta bolsa se encuentra en la zona del vientre de las mamás marsupiales y es donde las crías se desarrollan y crecen después de nacer.

Cuando los marsupiales nacen, son muy pequeños y no están completamente desarrollados, a diferencia de otros mamíferos. Por eso, las crías de los marsupiales se arrastran hasta el marsupio de su mamá, donde se aferran a una de las tetillas y completan su desarrollo dentro de la bolsa. Allí encuentran calor y leche para alimentarse hasta que sean lo suficientemente grandes y fuertes.

Es el único animal de gran tamaño que puede trasladarse mediante saltos.

Gracias a sus patas traseras largas y musculosas, los canguros rojos pueden realizar increíbles saltos que les permiten moverse rápidamente y cubrir grandes distancias. ¡Pueden dar saltos de hasta 3 m de altura y 8 m de longitud!

Los canguros utilizan su larga cola como contrapeso cuando saltan, y les sirve para mantener el equilibrio cuando se encuentran quietos.

42 ORNITORRINCO

Pico de pato, cola de castor y cuerpo de nutria

El ornitorrinco (*Ornithorhynchus anatinus*) es un mamífero único. A diferencia de la mayoría de los mamíferos, ¡pone huevos!

Alimentación	Se alimenta de pequeños crustáceos y moluscos de agua dulce. También come renacuajos, larvas de insectos, huevas de peces... Es capaz de ingerir en un solo día una cantidad de comida equivalente a su peso corporal
Tipo de piel	Tiene un pelaje denso, resistente al agua, que mantiene al ornitorrinco cálido y seco incluso dentro del agua
Cómo se desplaza	El ornitorrinco vive en el agua y usa sus patas para desplazarse, como los patos
Reproducción	Las hembras ponen entre uno y cuatro huevos, que eclosionan entre 10 y 14 días después

El ornitorrinco tiene un hocico peculiar que se asemeja a un pico, cubierto de una piel suave. Cuando se sumerge en el agua en busca de comida, cierra sus ojos, oídos y nariz, ¡y utiliza los electrorreceptores de su hocico para encontrar a sus presas!

43 WOMBAT

Entrañable y solitario

El wombat (*Vombatus ursinus*) es un animal solitario que construye su hogar bajo tierra. Excava madrigueras en el suelo, creando túneles y cámaras donde puede descansar y protegerse de los depredadores.

Estos marsupiales tienen unas patas delanteras muy fuertes y garras afiladas que les permiten excavar madrigueras y mover la tierra. ¡Son expertos en construir sus hogares subterráneos!

Alimentación	Son animales herbívoros, cuya dieta consiste principalmente en pasto, hierbas y raíces
Tipo de piel	El pelaje de esta especie es sedoso y de color marrón
Cómo se desplaza	Son animales de movimientos pausados y lentos, pero al desplazarse son capaces de desarrollar hasta 35 km/h
Reproducción	Utilizan sus heces cúbicas para atraer a los de su especie y así aparearse. Tienen un período de gestación de unos 20 días. Cuando las crías salen a la luz, miden apenas unos centímetros y tienen un peso de unos 2 g

Los wombats son animales nocturnos, lo que significa que están más activos durante la noche, cuando salen de sus madrigueras en busca de alimento.

44 EQUIDNA

El raro erizo australiano

Alimentación	La dieta del equidna se compone de hormigas y termitas
Tipo de piel	Está cubierto de pelo y púas
Cómo se desplaza	Tienen patas cortas provistas de garras muy fuertes con las que puede excavar la tierra
Reproducción	La hembra pone un solo huevo y desarrollan un marsupio (una bolsa como la de los canguros) de manera temporal, mientras dura la incubación y la lactancia

El equidna (*Tachyglossus aculeatus*) es un animal fascinante que pertenece al grupo de los monotremas. Esto significa que es uno de los pocos mamíferos que pone huevos.

Las púas son pelos modificados formados de queratina, al igual que nuestras uñas y cabello. Cuando se sienten amenazados, ¡se enroscan como una pelota y muestran todas sus púas!

45 DINGO

Parece un perro... pero no lo es

Aunque parecen perros domésticos, en realidad los dingos (*Canis lupus dingo*) son animales salvajes que se han adaptado al entorno australiano. En especial, han evolucionado para vivir en los desiertos del lugar.

Tienen características tanto de los lobos como de los perros actuales, y se piensa que su apariencia es similar a la del antecesor de los perros.

Alimentación	Se alimenta sobre todo de conejos
Tipo de piel	Su pelaje es de color arena, corto y denso
Cómo se desplaza	Recorre grandes distancias para buscar alimento
Reproducción	Solo una vez al año nacen entre uno y ocho cachorros, y ambos padres se encargan de criarlos

46 OSO POLAR El carnívoro más grande del planeta

El oso polar (*Ursus maritimus*) es el mayor depredador terrestre en el Ártico y del mundo. Estos osos pueden crecer hasta los 3 m de largo y pesar alrededor de 700 kg. ¡Son enormes!

¿Sabías que el pelo de los osos polares no es blanco? En realidad, es transparente como el hielo. Esta adaptación hace que se refleje la luz del Sol y les permite tener el mismo color que la nieve. Gracias a este truco pasan desapercibidos para sus presas.

- El oso polar tiene un increíble sentido del olfato. ¡Pueden detectar presas a una distancia de hasta 16 km! Gracias a eso, logran rastrear a las focas que se encuentran en el hielo y atraparlas para comer. Su gran tamaño y fuerza les permiten cazar incluso a las belugas que utilizan agujeros en el hielo para respirar.

- Los osos polares también son unos excelentes nadadores. Su pelaje espeso, su capa de grasa y su piel de color negra para absorber el calor del Sol les ayudan a soportar el gélido frío del Ártico.

Su capa de pelo les ayuda a no mojarse cuando están en el agua. Después de un baño, solo necesitan darse una sacudida rápida y están listos para continuar con su día.

Alimentación	Los osos polares se alimentan principalmente de focas
Tipo de piel	Su pelo es hueco y transparente y lo utiliza para protegerse del frío
Cómo se desplaza	Los osos polares tienen la capacidad de caminar y nadar grandes distancias a través de las aguas heladas
Reproducción	Los osos polares tienen dos crías por camada tras un período de gestación que va desde los siete hasta los nueve meses

47 MORSA Colmillos impresionantes

Las morsas (*Odobenus rosmarus*) son mamíferos marinos que viven en las frías costas del Ártico. Tanto los machos como las hembras tienen colmillos que pueden medir ¡hasta 1 m de largo! Los machos los usan para luchar entre ellos y demostrar quién es el más fuerte.

Las morsas tienen un truco muy especial para descansar en el agua. Cuentan con un saco de aire en su garganta que les ayuda a mantenerse a flote mientras duermen.

Alimentación	Moluscos
Tipo de piel	Su piel gruesa recubre densas capas de grasa que les resguardan del frío, y está cubierta de pelos marrones que cambian de color (gris o rosa) según la temperatura del agua
Cómo se desplaza	Sobre tierra la morsa puede desplazarse casi tan rápido como el hombre. Corren con sus cuatro aletas como un perro. Estando en el agua nadan a 7 km/h, pudiendo alcanzar los 35 km/h
Reproducción	Tras dar a luz a un único cachorro después de 15 meses de gestación, la morsa se aleja de la manada principal y se incluye en una de madres e hijos, en la que todas se «apoyan» para el cuidado de los retoños, incluyendo los huérfanos

48 ZORRO ÁRTICO

Diseñado para el frío

El zorro ártico (*Vulpes lagopus*) tiene un pelaje especial que cambia según la estación del año. En invierno, su pelaje se vuelve blanco y abrigado para vivir en la nieve. Este camuflaje les ayuda a esconderse, para así acechar a sus presas sin ser detectados.

Cuando llega el verano y la nieve se derrite, el pelaje del zorro ártico cambia de color. Se vuelve de un tono gris para poder mezclarse con los matorrales y rocas de su entorno.

Alimentación	Pequeños animales, carroña, peces, aves, bayas, algas, insectos, huevos y pequeños invertebrados
Tipo de piel	Su denso pelaje le ayuda a sobrevivir a las temperaturas más frías, que llegan a los -50 °C
Cómo se desplaza	Pueden desplazarse rápidamente cuando lo desean, realizando breves carreras de hasta 50 km/h
Reproducción	La gestación del zorro ártico dura unos 52 días, tras los cuales nacen camadas de cinco a 10 crías. Tanto la madre como el padre ayudan a criarlas

49 PINGÜINO EMPERADOR El pingüino más grande

El pingüino emperador (*Aptenodytes forsteri*) puede medir más de 1,20 m de altura y pesar alrededor de 45 kg. Estas aves habitan en la Antártida, donde el frío es extremo.

Una característica asombrosa de los pingüinos emperador es que no construyen nidos. ¡El cuerpo de sus papás es su propio nido! Mientras la mamá busca comida en el mar, el papá protege el huevo entre sus patas y le da calor con su cuerpo.

Alimentación	Su comida favorita son peces, krill y calamares
Tipo de piel	Su cuerpo está cubierto de plumas al igual que cualquier otra ave
Cómo se desplaza	Tiene las patas situadas muy atrás en el cuerpo, dificultando el desplazamiento en tierra pero actuando como timones bajo el agua. Es el buceador a mayor profundidad entre los pájaros (400 a 500 m)
Reproducción	Una vez que la hembra ha puesto un huevo, el macho se encarga de cuidarlo y de incubarlo. La hembra deja al macho para ir en busca de comida, y estará fuera durante dos meses completos

50 FOCA LEOPARDO Naturaleza feroz

La foca leopardo (*Hydrurga leptonyx*) es una cazadora formidable que habita en la Antártida.

Alimentación	Se alimenta de pingüinos, peces, krill y calamares
Tipo de piel	Reciben el nombre por el patrón de manchas sobre su pelaje
Cómo se desplaza	Pueden nadar a una velocidad de hasta 37 km/h. Las focas leopardo adultas se encuentran normalmente en las costas heladas de la Antártida, pero en invierno los ejemplares jóvenes se trasladan por el océano Austral
Reproducción	Suele ser solitaria y solo se emparejan para la reproducción. La hembra pare en un agujero en el hielo a una única cría tras nueve meses de gestación

Cuando la foca leopardo encuentra una colonia de pingüinos, utiliza su astucia para cazar. Se oculta entre el hielo del agua y espera pacientemente a que las presas se acerquen al borde del mar. ¡Entonces, con un ágil y rápido ataque se asegura una deliciosa comida!

51 CAMELLO

Adaptado al desierto

El camello bactriano (*Camelus bactrianus*), que vive en el norte de Asia y Turquía, y el dromedario (*Camelus dromedarius*), que habita en el Sáhara, Oriente Medio y Australia, son animales adaptados a vivir en entornos con altas temperaturas. ¡Pueden soportar temperaturas de hasta 50 ºC!

Alimentación	Los camellos son herbívoros y suelen comer pasto y plantas del desierto
Tipo de piel	El camello tiene un pelaje más largo para protegerse del frío. En cambio, el dromedario tiene un pelo corto y muy uniforme por todo su cuerpo, lo que le ayuda a soportar mejor el calor
Cómo se desplaza	Es capaz de recorrer kilómetros en busca de comida. Puede correr a 65 km/h en carreras cortas y también mantener una velocidad de 40 km/h
Reproducción	Su gestación dura aproximadamente 13 meses. En la mayoría de los casos las hembras suelen dar a luz a un solo camello

A diferencia de lo que se suele creer, las jorobas de los camellos y dromedarios no almacenan agua, ¡sino grasa! Esta grasa les sirve como reserva de energía para aguantar largos periodos de tiempo sin comer ni beber. ¡Es como llevar una despensa portátil!

¿Camello o dromedario? Estos animales pueden distinguirse por sus jorobas. Los camellos tienen dos, los dromedarios solo una. ¡Es fácil!

Estos animales cuentan con narices adaptadas a los desiertos, ya que pueden cerrarlas para protegerse de las tormentas de arena. Además, cuentan con largas pestañas y orejas peludas que les protegen del polvo.

52 ÓRIX DE ARABIA

Belleza exótica

El órix de Arabia (*Oryx leucoryx*) destaca por su magnífico pelaje de color blanco, el cual le brinda una apariencia muy elegante. Este pelaje claro le ayuda a reflejar el calor y a sobrellevar las altas temperaturas del desierto.

Alimentación	Hierbas, raíces, tubérculos y algunos frutos
Tipo de piel	También se le llama órix blanco, debido al color de su pelaje, que refleja los rayos del sol
Cómo se desplaza	Es capaz de recorrer hasta 30 km en una sola noche en busca de alimento
Reproducción	El periodo de gestación es de 9 meses y generalmente tiene una única cría

- Una de las adaptaciones más impresionantes del órix de Arabia es su capacidad para resistir largos períodos sin beber agua. ¡Puede sobrevivir varias semanas sin necesidad de beber!

¡Su carácter se puede comparar con el de un toro bravo!

53 ESCORPIÓN

Superviviente prehistórico

Uno de los rasgos más característicos de los escorpiones es su cola, que está equipada con un aguijón curvado. En la punta del aguijón se encuentran unos pelos sensoriales que les ayudan a detectar y picar a sus presas. También utilizan este aguijón como defensa.

Alimentación	Arañas, grillos, ciempiés y orugas
Tipo de piel	El cuerpo del escorpión está protegido por un sistema de placas de quitina, llamado exoesqueleto
Cómo se desplaza	Los escorpiones poseen cuatro pares de patas segmentadas que le permiten una locomoción rápida. Es capaz de avanzar hacia adelante y hacia atrás
Reproducción	La hembra fecundada incuba sus huevos dentro del cuerpo y después de varios meses (hasta 12) expulsa a las crías vivas, en un número de dos a cien. Las crías suben a la espalda del progenitor y permanecen allí hasta su primera muda. Se alimentan de las secreciones que la madre produce a través de la dermis

- Al nacer, las crías de los escorpiones ¡se suben a la espalda de su madre! Allí estarán protegidos gracias a las pinzas y cola venenosa de ella, hasta que sean lo suficientemente fuertes para valerse por sí mismos.

54 FÉNEC Zorro diminuto

El fénec o zorro del desierto (*Vulpes zerda*) es una especie que vive en el desierto del Sáhara, en África. Este animal presenta diversas adaptaciones para sobrevivir en un ambiente muy caluroso como, por ejemplo, un pelaje de color claro.

Alimentación	Son animales oportunistas. Buscan plantas para alimentarse, pero también comen roedores, huevos, reptiles e insectos
Tipo de piel	Su pelaje es color arena, más claro en la cara y el vientre, y cuando duerme se abriga con su cola larga y lanosa
Cómo se desplaza	Sus pies están cubiertos por largos pelos que le facilitan un avance cómodo por la arena caliente, evitando quemarse
Reproducción	Este animal forma pareja y permanece por siempre al lado de sus crías

Una de las características más llamativas del fénec son sus grandes orejas. Estas orejas no solo le hacen lucir adorable, sino que también le ayudan a enfriar su cuerpo al permitir que el calor escape, manteniéndolo fresco en el abrasador desierto.

55 LAGARTO DIABLO ESPINOSO

Feo, sí, pero inofensivo

El diablo espinoso (*Moloch horridus*) es un increíble reptil que habita en los desiertos de Australia.

- ¡Bebe agua con la piel! Una de las adaptaciones más asombrosas de este reptil es su capacidad para absorber agua a través de la piel. Al ser rugosa, actúa como una esponja y puede absorber el rocío de la mañana o el agua de charcas cercanas.

Alimentación	Se alimenta casi exclusivamente de hormigas
Tipo de piel	Su cuerpo está cubierto de espinas duras y afiladas. Estas espinas son su principal defensa contra los depredadores que puedan acecharlo
Cómo se desplaza	El diablo espinoso posee hábitos seminómadas, en función de la disponibilidad de hormigas en su hábitat
Reproducción	Las hembras ponen de tres a 10 huevos en madrigueras y los recubre con una fina lámina de arena. Transcurridos tres o cuatro meses de incubación, los huevos eclosionarán

- Cuando se siente amenazado, se pone a llorar. ¡Es capaz de sacar sangre por los ojos!

56 BALLENA AZUL El animal más grande del planeta

La ballena azul (*Balaenoptera musculus*) es un cetáceo enorme. Algunos individuos pueden alcanzar un tamaño de más de 30 m de longitud y pesar unas 170 toneladas. ¡Eso es más grande que la mayoría de los dinosaurios!

Puede abrir su mandíbula para tragar grandes cantidades de agua en un solo bocado. ¡Su lengua pesa cerca de 3 toneladas! Estos animales se alimentan filtrando el agua para capturar krill y otros pequeños organismos marinos.

- Las ballenas son animales mamíferos, por eso también alimentan a sus crías con leche. Para crecer rápido, ¡las crías de ballena azul beben diariamente 600 l de leche!

La aleta caudal de la ballena azul puede llegar a medir aproximadamente 4 m de ancho. Esta poderosa aleta es fundamental para impulsarse a través del agua y recorrer distancias sorprendentes.

Alimentación	Su dieta está compuesta de plancton y krill, un animal parecido a un camarón diminuto. ¡Puede llegar a consumir unas 3,5 toneladas de krill al día!
Tipo de piel	Las ballenas azules reciben ese nombre porque presentan un color entre azul acero y grisáceo en su piel
Cómo se desplaza	La ballena azul puede alcanzar velocidades de 50 km/h cuando su instinto percibe alguna amenaza cercana, aunque normalmente su desplazamiento es de 22 km/h
Reproducción	Las ballenas son mamíferos: en general gestan una sola cría por vez, y la tienen cada dos o tres años

- Las ballenas azules tienen los huesos de sus mandíbulas inferiores separados, lo que les permite expandir la apertura de su boca hasta alcanzar los 3 m de ancho.

La ballena azul no tiene dientes. En cambio, posee unas estructuras llamadas barbas, que son láminas de queratina que cuelgan de su mandíbula superior. Estas barbas actúan como un filtro, permitiendo que el agua salga mientras retienen su alimento.

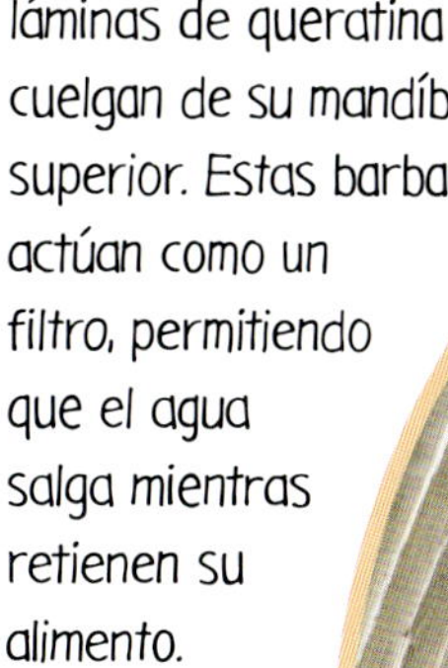

57 DELFÍN COMÚN

Siempre en grupo

El delfín mular (*Tursiops truncatus*) es una especie de cetáceo que podemos encontrar en aguas cálidas de todos los océanos.

Alimentación	La alimentación del delfín común se basa en calamares y peces pequeños
Tipo de piel	Tienen una piel lisa y gomosa, generalmente de color azul-grisácea, aunque también puede ser negra, blanca, gris claro, azulada o hasta rosa
Cómo se desplaza	El delfín común tiene una velocidad de travesía de 10 km/h, pero puede llegar a los 65 km/h
Reproducción	La gestación de los delfines dura alrededor de un año y tienen una sola cría por parto

Los delfines son animales muy sociales. Utilizan una amplia gama de sonidos, desde silbidos hasta clics, que les permiten comunicarse y establecer vínculos dentro de su grupo social. Algunas especies de delfines tienen la capacidad de aprender y emitir sonidos característicos que ¡podrían considerarse como su nombre propio!

Una de las características más destacadas de los delfines es su capacidad de ecolocalización. Utilizan este sexto sentido para cazar y navegar.

58 ORCA

Superdepredador marino

La orca (*Orcinus orca*) es uno de los depredadores marinos más hábiles de los océanos. Las orcas pertenecen al mismo grupo que los delfines. ¡Pueden alcanzar una longitud de hasta 9 m y un peso de aproximadamente 5,5 toneladas!

Las orcas son depredadores oportunistas y tienen una dieta variada. Se alimentan de peces como atún y salmón, pero también son conocidas por cazar y capturar presas más grandes como tiburones y ballenas.

Alimentación	En su dieta se incluyen desde leones marinos, focas, pingüinos, calamares, pulpos y tortugas hasta tiburones
Tipo de piel	Se caracterizan por su piel negra que contrasta con su vientre blanco y las manchas blancas situadas sobre ambos ojos
Cómo se desplaza	Son animales de mucho y continuo desplazamiento, pudiendo nadar hasta 60 km diarios
Reproducción	Su período de gestación dura entre 15 y 18 meses, al término de los cuales se da a luz a una sola cría

59 LEÓN MARINO

Sociable y curioso

El león marino californiano (*Zalophus californianus*) se encuentra a lo largo de la costa oeste de América del Norte, desde Canadá hasta México. También habita en las islas Galápagos, en el Pacífico oriental.

Los leones marinos californianos son de tamaño mediano en comparación con otras especies de leones marinos. Aun así, los machos ¡pueden llegar a pesar alrededor de 300-500 kg! Las hembras son más pequeñas y pesan entre 50-100 kg.

Alimentación	Se alimenta de peces, moluscos y crustáceos
Tipo de piel	Poseen una capa de pelo castaño rojizo sobre el cuello. Esta «melena» es la causa de que sean llamados «leones marinos»
Cómo se desplaza	El león marino puede girar las extremidades posteriores hacia adelante, con lo cual se desplaza relativamente bien por tierra. A la hora de nadar utiliza sus patas delanteras a modo de aletas
Reproducción	Se reproducen en las costas, donde nace una única cría después de unos 11 meses de gestación

Su visión es mucho mejor debajo del agua que en tierra.

Un león marino puede pasar hasta 40 minutos buceando sin salir a la superficie para respirar.

60 TORTUGA MARINA

Grandes reptiles con pulmones

Son excelentes nadadoras y pasan la mayor parte de su vida en el agua. Sus patas tienen forma de aletas para propulsarse eficientemente en el océano.

En su caparazón habitan pequeños animales, como percebes y gusanos, que viajan con la tortuga a lo largo de sus travesías.

Alimentación	A las tortugas marinas les gusta comer algas, medusas, calamares, percebes, esponjas y anémonas de mar
Tipo de piel	El caparazón de las tortugas marinas está hecho fundamentalmente de hueso y está recubierto por una capa de piel dura, similar a nuestras uñas, que protege todos los órganos internos de la tortuga. Además forma parte de su columna vertebral
Cómo se desplaza	Pueden alcanzar de 27 km/h a 35 km/h nadando en el mar. Sus aletas están adaptadas a la vida acuática, por lo que en tierra se desplazan con dificultad y lentitud
Reproducción	Las tortugas marinas hembras salen del mar en las playas en las que cavan sus nidos y ponen de 65 a 180 huevos. Cuando han terminado de depositar sus huevos, los cubren con arena y apisonan bien el nido para camuflarlo

61 TIBURÓN BLANCO El gran depredador

El tiburón blanco (*Carcharodon carcharias*) es el tiburón carnívoro más grande que existe. Las hembras de esta especie pueden medir hasta 6 m de longitud y pesar más de una tonelada.

Los tiburones son parte fundamental de los ecosistemas marinos. Como depredadores, controlan la población de otras especies y ayudan a mantener en buen estado los océanos.

La boca del tiburón blanco está llena de dientes triangulares, aserrados, afilados y dispuestos en filas. ¡Parece un ejército de cuchillos! Cuando muerde a su presa, mueve la cabeza de un lado a otro para que los dientes corten la carne.

Tienen el olfato muy desarrollado. Son capaces de detectar una sola gota de sangre en 100 litros de agua y pueden saber si hay una presa herida o un cadáver a 5 km de distancia.

A medida que pierden los dientes, son reemplazados con los que están en la fila siguiente. Esto les permite tener siempre una boca lista para la caza.

Alimentación	Algunas de sus presas más importantes son los mamíferos marinos (focas, delfines y peces). También, aunque menos habitualmente, come reptiles marinos (principalmente tortugas marinas)
Tipo de piel	La piel, muy áspera, está compuesta por duras escamas llamadas dentículos dérmicos por su forma afilada
Cómo se desplaza	Los tiburones blancos tienen forma de torpedo y potentes colas que les permiten desplazarse a velocidades de hasta 25 km/h
Reproducción	La cría se gesta dentro de la madre en huevos. Cada parto produce unas cuatro crías. Al nacer miden aproximadamente un metro de largo y se alejan de forma rápida de su madre, ya que pueden ser devorados por ella

62 TIBURÓN BALLENA Un gigante de los mares

El tiburón ballena (*Rhincodon typus*) es el mayor pez del mundo. Puede llegar a medir 18 m de longitud y pesar más de 20 toneladas.

Aunque cuenta con 350 hileras de dientes, el tiburón ballena no muerde ni mastica.

Alimentación	Camarones pequeños, pescado y plancton
Tipo de piel	La coloración de su piel es gris con rayas y puntos blancos, lo que le vale el apodo de pez damero o dominó
Cómo se desplaza	El tiburón ballena no es un nadador eficiente, y por ello se desplaza a una velocidad media de 5 km/h, una velocidad relativamente lenta para un pez tan grande
Reproducción	Los embriones se desarrollan dentro de un huevo en el interior de la madre y una vez listos rompen el huevo y salen vivos al exterior

La boca del tiburón ballena es enorme. Gracias a esta adaptación, puede tomar grandes bocanadas de agua y luego, al cerrar la boca, filtra el alimento a través de sus branquias.

63 RÉMORA Cómo viajar gratis

Las rémoras son unos peces muy curiosos. Les encanta nadar junto a grandes animales marinos, como tiburones, ballenas, tortugas y rayas que viajan a través de los mares y océanos. ¡Son compañeros de viaje!

Una característica única de las rémoras es esa aleta especial en su cabeza que les permite sujetarse a sus huéspedes. Esta aleta funciona como una ventosa, pegándose a la piel de los animales más grandes.

Alimentación	Son comedoras oportunistas que se alimentan con los sobrantes de las presas que consume su huésped
Tipo de piel	Tiene escamas muy pequeñas imbuidas en su piel
Cómo se desplaza	Es famosa por su hábito de pegarse a otras especies para ser transportada
Reproducción	El embrión se desarrolla en un huevo. Cuando este eclosiona, surge una pequeña rémora todavía sin formar del todo

64 PEZ ESPADA

El gladiador

Los peces espada (*Xiphias gladius*) son nadadores ágiles y veloces que habitan en diferentes océanos de la Tierra.

El rasgo distintivo del pez espada es su morro en forma de espada, que le da su nombre.

Utiliza esta espada para golpear a sus presas, separándolas del grupo.

Alimentación	Se alimenta de bancos de peces más pequeños que encuentra en su camino
Tipo de piel	La piel de los ejemplares adultos es rugosa, sin escamas. Tienen el dorso azul muy oscuro, casi negro, flancos más claros con reflejos en bronce y vientre plateado
Cómo se desplaza	Durante el día el pez espada se encuentra en las profundidades entre 500 y 800 m, pero al llegar la noche sube a la superficie. Puede alcanzar hasta 100 km/h de velocidad
Reproducción	Cuando las hembras realizan la puesta de huevos, los machos nadan alrededor y los fecundan. Después, ambos progenitores permanecerán cerca de ellos para ahuyentar a otros peces que intenten comérselos

65 TIBURÓN MARTILLO

Una forma asombrosa

Alimentación	Este tiburón prefiere alimentarse de pequeños tiburones y rayas, pero también come peces, camarones, cangrejos, percebes y cefalópodos
Tipo de piel	La gruesa piel del tiburón martillo está cubierta por dentículos dérmicos
Cómo se desplaza	Durante el verano se desplaza hacia los polos mientras que durante el invierno se dirige hacia el ecuador
Reproducción	Al nacer, los bebés no reciben ningún cuidado de sus padres; sin embargo, los recién nacidos tiburones se unen y nadan juntos

Los tiburones martillo se encuentran en los océanos Atlántico, Índico y Pacífico. Estos peces prefieren cazar durante el amanecer o el atardecer, cuando la luz es tenue.

Los tiburones martillo (*Sphyrna*) destacan por tener una cabeza única y sorprendente, ¡parecida a un martillo! Su cabeza plana y alargada tiene forma de T, lo que les permite rastrear el fondo del mar para hallar pequeños animales.

66 PEZ PAYASO

Uno de los peces más famosos

Los peces payaso (*Amphiprion ocellaris*) son unos animales muy curiosos y coloridos. Estos peces son famosos por su asociación con las anémonas de mar. Estas criaturas venenosas pueden ser peligrosas para muchos otros animales, ¡pero no para los peces payaso!

Alimentación	Se alimenta de algas, moluscos o crustáceos de pequeño tamaño o zooplancton
Tipo de piel	Su piel posee células urticantes y está cubierta con una capa de moco que protege al pez del veneno de las anémonas
Cómo se desplaza	Para regresar a su hogar o buscar uno nuevo, ¡son capaces de desplazarse hasta 400 km de distancia!
Reproducción	El macho limpia y prepara una zona cerca de la anémona para que la hembra deposite los huevos. Una vez los deposita, el macho los fertiliza. Durante toda la incubación, el macho se dedica a oxigenar los huevos agitando las aletas cerca de ellos y elimina los huevos que estén en mal estado. Como buen padre, durante todo este proceso el pez payaso se vuelve muy agresivo frente a cualquier invasor

El cuerpo del pez payaso común luce de un brillante naranja y con un patrón de rayas negras y blancas que los hace inconfundibles. Estos colores son una señal para otros peces payaso y otros animales, a quienes anuncian que están asociados con anémonas venenosas.

Los peces payaso pueden ser amarillos, naranjas, rojos, negros y tener rayas o parches blancos. Aunque todos comparten la misma asociación con las anémonas, cada especie tiene sus propias características únicas.

La relación entre los peces payaso y las anémonas es beneficiosa para ambos. Los peces encuentran un refugio seguro entre los tentáculos de las anémonas, protegiéndose así de los depredadores marinos. A cambio, los peces payaso ¡defienden a las anémonas de otras especies que podrían dañarlas o alimentarse de ellas!

El pez cirujano amarillo (*Zebrasoma flavescens*) tiene una manera única de defenderse. En su cola, tiene dos espinas especiales que son tan afiladas como los bisturís que usan los cirujanos. Estas espinas le sirven para protegerse de los depredadores y mantenerse a salvo en el océano.

67 PEZ CIRUJANO

Ágil nadador

Estos peces desempeñan un papel importante en el mantenimiento de los arrecifes de coral. Al alimentarse de algas, ayudan a mantener bajo control su crecimiento excesivo, permitiendo que los corales y otras especies puedan prosperar.

Alimentación	La mayor parte de su alimentación se basa en algas
Tipo de piel	Luce vistosos colores según la especie: amarillo, azul, negro...
Cómo se desplaza	Este bonito pez se puede encontrar desde Japón hasta Hawái, en profundidades cercanas a los 50 m. Vive en solitario, por parejas o en pequeños grupos
Reproducción	Cuando son fertilizados, se expulsan unos 40 000 huevos por desove. Los padres no se preocuparán por sus crías, es decir, que pasan a ser posible alimento fácil para los depredadores

68 PEZ GLOBO

El pez que se infla

El pez globo espinoso (*Diodon holocanthus*) ¡puede hincharse como un globo cuando se siente amenazado! Al hacerlo, aumenta su tamaño y eriza las espinas que recubren su cuerpo. De esta manera, se vuelve mucho más difícil de tragar para sus depredadores y los mantiene alejados.

Alimentación	La dieta del pez globo incluye sobre todo animales invertebrados y algas
Tipo de piel	Presenta una piel gruesa, sin escamas y áspera al tacto. Muchas especies tienen el cuerpo cubierto por afiladas espinas o púas
Cómo se desplaza	Su habilidad en natación es baja. Por ello, cuando el pez globo es atacado por otro, en vez de huir se hincha
Reproducción	Los machos de pez globo escarban con las aletas y el cuerpo hasta construir bellas circunferencias geométricas en la arena del fondo del mar que son verdaderas obras de arte. Para ello, el pez globo trabaja sin descanso durante más de una semana. Cuando la hembra se acerca al círculo, se sentirá atraída por el espectacular dibujo y decidirá depositar los huevos en el centro de la estructura, momento en el que el macho podrá fecundarlos

69 CABALLITO DE MAR

Pez diminuto

Una característica muy especial de estos animales es que los machos son los encargados de incubar y transportar los huevos. Las hembras depositan los huevos en el vientre del macho, y allí los huevos son incubados y protegidos hasta que eclosionan.

Alimentación	Pequeños crustáceos y larvas planctónicas que tragan enteras, ya que no tienen dientes
Tipo de piel	No tienen escamas, y algunos están adornados con volantes de piel, púas y coronas
Cómo se desplaza	Su capacidad de movimientos es mínima, por no hablar de la velocidad o agilidad con la que los ejecuta. El caballito de mar del Mediterráneo nada en dirección vertical hacia la vegetación en la que trata de camuflarse
Reproducción	La hembra es la que produce los huevos, pero en el apareamiento los deposita en la bolsa ventral del macho, donde este se encarga de fertilizarlos y posteriormente incubarlos hasta su completo desarrollo

Los machos de caballito de mar común (*Hippocampus hippocampus*) pueden llegar a incubar en su vientre hasta 400 crías. Pero los machos de caballito de mar del Pacífico (*Hippocampus ingens*) guardan hasta 2000 huevos en su vientre.

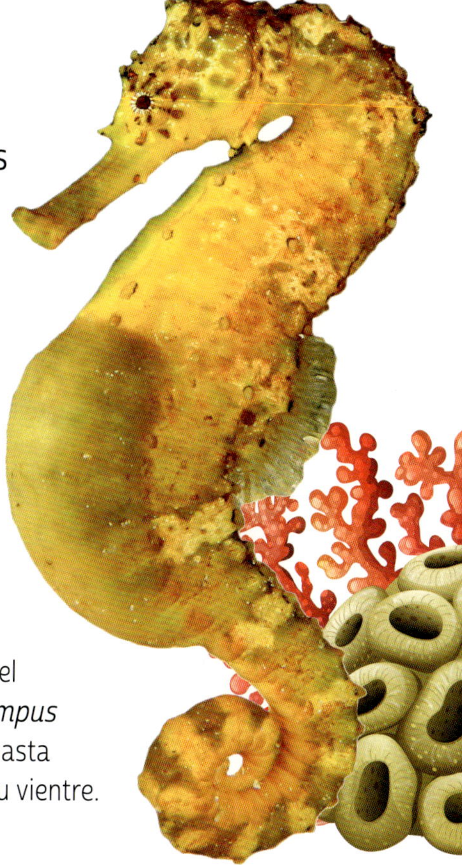

70 MORENA

Una auténtica pesadilla

Las morenas son peces de cuerpo alargado y serpentiforme que habitan escondidos entre las rocas y grietas del fondo marino. En este hogar protegido pasan la mayor parte del tiempo.

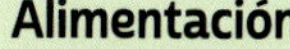

Alimentación	Se alimenta de otros peces, moluscos como el calamar y crustáceos como el cangrejo
Tipo de piel	Su piel está cubierta de una capa mucosa que les permite deslizarse suavemente entre las grietas sin dañarse
Cómo se desplaza	Las morenas son rápidas nadadoras que utilizan muy poca energía para desplazarse
Reproducción	La reproducción de la morena mediterránea es poco conocida. Producen unos 60 000 huevos en aguas abiertas

Estos peces poseen una mandíbula poderosa y dientes afilados que les permiten capturar a sus presas de manera efectiva. Algunas especies de morenas incluso tienen ¡una segunda mandíbula en la garganta! Pueden proyectar esta segunda mandíbula hacia adelante para asegurar una sujeción firme de la presa.

71 NUDIBRANQUIOS

Criaturas de fantasía

Los nudibranquios, también conocidos como babosas marinas, son unos pequeños moluscos muy curiosos. Estos animales son famosos por sus llamativos colores y formas únicas.

Alimentación	Se alimentan de algas, esponjas, anémonas, corales, percebes e incluso otros nudibranquios
Tipo de piel	Sus cuerpos suelen ser suaves y alargados, adornados con protuberancias, filamentos o estructuras ramificadas. Su tonalidad va desde vibrantes amarillos y naranjas hasta intensos rojos, azules, morados e incluso blanco y negro
Cómo se desplaza	Los nudibranquios se mueven muy lentamente, por lo que normalmente no pueden viajar grandes distancias. Esto hace que la mayor parte de su vida se encuentren cerca del lugar donde nacieron
Reproducción	Los nudibranquios son hermafroditas: para su reproducción tienen tanto órganos masculinos como femeninos. Los huevos que producen son depositados en cordones gelatinosos amarillos que se pueden encontrar entre las algas

Aunque no todos son tóxicos, aquellos que lo son exhiben sus colores brillantes como una advertencia para mantener alejados a los depredadores. *¡Los colores llamativos actúan como una señal de peligro!*

Estos curiosos moluscos se encuentran en gran parte de los océanos de la Tierra. Se alimentan principalmente de esponjas marinas, aunque algunos pueden comer otros animales que crecen en el fondo marino. ¡Así que son animales carnívoros!

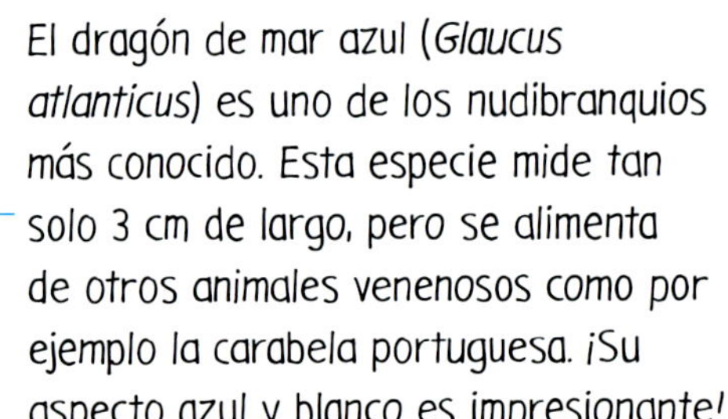

El dragón de mar azul (*Glaucus atlanticus*) es uno de los nudibranquios más conocido. Esta especie mide tan solo 3 cm de largo, pero se alimenta de otros animales venenosos como por ejemplo la carabela portuguesa. *¡Su aspecto azul y blanco es impresionante!*

72 ÁGUILA CALVA

El ave nacional de EE.UU.

El águila calva (*Haliaeetus leucocephalus*) es una impresionante ave rapaz que se encuentra principalmente en América del Norte.

Alimentación	Se alimenta principalmente de peces, como el arenque, el salmón, carpas, bagres... Cuando los peces son escasos, puede comer aves (patos, gallaretas, alcas, otros) o mamíferos (liebres, ratones almizcleros y otros)
Tipo de piel	Esta especie es reconocible por su distintiva cabeza y cola de color blanco, mientras que su cuerpo es de tono marrón muy oscuro
Cómo se desplaza	Excepcional al vuelo, el águila calva se eleva sobre corrientes térmicas y alcanza una velocidad de 50 a 70 km/h
Reproducción	Se aparea con una sola pareja por el resto de su vida en tanto esta no muera o desaparezca. Si es así, buscará nueva compañía. Para cortejar a la hembra, el macho utiliza un majestuoso vuelo para atraerla. Hace volteretas, persecuciones y demás maniobras hasta que logra unirse con ella. Generalmente, el macho y la hembra construyen juntos su nido y la hembra pone de uno a tres huevos que se incuban durante unos 35 días. Tras la eclosión, la cría permanece con sus padres entre ocho y 18 semanas

Las águilas calvas son capaces de volar más de 100 km diarios.

Los adultos de águila calva suelen tener un tamaño considerable, alcanzando una envergadura de hasta 2,3 m y un peso de alrededor de 6 a 7 kg.

Las águilas calvas construyen grandes nidos. Utilizan ramas grandes y materiales resistentes para crear una estructura robusta. Estos nidos pueden llegar a medir hasta 2,5 m de ancho y 4 m de altura, y son utilizados durante varias temporadas de reproducción.

73 HALCÓN PEREGRINO El ave más rápida

El halcón peregrino (*Falco peregrinus*) es una especie de ave rapaz que podemos encontrar en muchas regiones del mundo.

- Estas aves tienen un tamaño mediano, con una envergadura no mayor a los 1,20 m y un peso de 1 kg.

Alimentación	Aunque prefiere comer aves de tamaño mediano, como las palomas, puede consumir pequeños pájaros, como los gorriones, o aves tan grandes como las garzas reales
Tipo de piel	Su plumaje es generalmente oscuro con tonos de gris azulado en la parte superior y blanco en la parte inferior
Cómo se desplaza	Cuando se lanza en picado sobre su presa, ¡es capaz de alcanzar los 380 km/h e incluso los 400 km/h!
Reproducción	Las hembras ponen de tres a cuatro huevos, que serán incubados durante un mes. Tras la eclosión de los huevos, los pollos permanecen otro mes en el nido, al cuidado de los padres

74 VENCEJO

Un ave espectacular

El vencejo común (*Apus apus*) es una especie muy curiosa, ya que su estilo de vida es completamente aéreo. Estas aves tienen un tamaño pequeño, y no crecen más de 16 cm de largo.

Alimentación	Come insectos, y en enormes cantidades
Tipo de piel	Su plumaje es negruzco, con una pequeña mancha blanquecina o gris en la garganta
Cómo se desplaza	El vencejo común permanece en vuelo ininterrumpido durante diez meses completos y solo se posa dos meses para poner los huevos y criar a sus polluelos
Reproducción	Se aparean en el aire y crean sus nidos en grietas de paredes de roca o en edificios

- Los vencejos comunes son excelentes voladores y pasan la mayor parte de su vida en el aire. Son conocidos por su vuelo rápido, ágil y acrobático. Rara vez se los ve posados en el suelo o en las ramas de los árboles. Incluso comen, beben y duermen mientras vuelan, aprovechando insectos que encuentran en el aire.

75 BUITRE LEONADO

Ave rapaz inmensa

Los buitres tiene cuerpos robustos, cuellos largos y alas anchas; un pico fuerte y curvado, adaptado para desgarrar carne, y patas y garras poderosas.

Alimentación	El buitre leonado es una especie de ave carroñera que se alimenta principalmente de los restos de animales muertos: huesos, carne, piel y vísceras de mamíferos y aves, aunque también puede consumir insectos, reptiles y huevos de forma poco frecuente
Tipo de piel	Su plumaje es generalmente de color marrón (más o menos oscuro dependiendo del ejemplar), con las plumas de vuelo más oscuras
Cómo se desplaza	Los buitres leonados pueden desplazarse en un año por extensiones de hasta 10 000 km^2 en busca de alimento
Reproducción	Crían en colonias sobre paredes rocosas y tajos fluviales, formando parejas que pasarán juntos unos 58 días incubando un solo huevo en turnos (pueden ser de uno o dos días cada uno) y continuarán igual para alimentar al polluelo

76 CÓNDOR ANDINO

Una de las aves más grandes

- El cóndor andino es un ave imponente con una envergadura de alas que puede llegar a los 3,3 m. ¡Es una de las mayores aves voladoras del mundo!

Podemos encontrar a esta especie en varias regiones de América del Sur, incluyendo Ecuador, Perú, Bolivia, Chile y Argentina.

Alimentación	Se alimenta de carroña
Tipo de piel	Su plumaje es de color negro, con una gran zona blanca en las alas y también en la parte del cuello, formando una especie de collar. Tiene una cabeza pequeña y sin pelo, de color rojo pálido
Cómo se desplaza	Planea en corrientes de aire, pudiendo llegar a más de 8 000 m de altura. Puede alcanzar velocidades de hasta 50 km/h
Reproducción	Escoge una pareja y permanece con esta de por vida. La hembra pone un huevo cada dos o tres años.

77 ALBATROS El rey de mares y océanos

El albatros errante (*Diomedea exulans*) es una de las aves más grandes del mundo. ¡Puede alcanzar una envergadura mayor de 3 m! Estos majestuosos animales viven cerca del océano Austral y pasan la mayor parte de su vida volando.

Alimentación	Se alimentan de calamares, peces y krill
Tipo de piel	La mayoría de los adultos tiene una coloración oscura en la cola y en el área superior de las alas, en contraste con la inferior, que es blanca.
Cómo se desplaza	Los albatros recorren largas distancias, pudiendo cubrir unos 1 000 km/día ¡sin necesidad de batir las alas!
Reproducción	Generalmente forman una pareja de por vida. La hembra albatros pone solo un huevo, que puede pesar hasta medio kilo, en un nido en el suelo. Los padres albatros se turnan para incubar el huevo durante dos o tres meses, y protegen y limpian a su polluelo hasta que este es capaz de volar

- A pesar de su grandeza, los albatros errantes enfrentan algunos desafíos. La contaminación del océano y la pesca excesiva pueden afectar a su hábitat y la disponibilidad de alimento. Es importante que cuidemos de nuestro planeta y de los océanos para asegurarnos de que estas hermosas aves puedan seguir volando libremente.

Gracias a sus alas largas y poderosas, los albatros pueden planear y mantenerse en el aire durante mucho tiempo sin cansarse.

- Estas aves se alimentan principalmente de peces y calamares que encuentran en el océano. Usan su agudo sentido de la vista para localizar a sus presas desde lo alto del cielo y luego se zambullen con habilidad para atraparlas.

Una característica muy peculiar que presentan las aves jóvenes de esta especie es lo mucho que tardan en emplumar: unos 280 días.

78 CHARRÁN ÁRTICO

Récord en migración

La migración del charrán ártico es la más larga realizada de entre todas las especies de animales. Durante su viaje de regreso al Ártico, estas aves recorren más de 30 000 km.

El charrán ártico (*Sterna paradisaea*) es un ave muy curiosa que cría en grandes colonias en el Ártico. Allí, construyen sus nidos y cuidan de sus polluelos hasta que son grandes y fuertes para volar.

Alimentación	Se alimenta de peces, crustáceos e insectos
Tipo de piel	Sus plumas son principalmente grises y blancas, con las patas rojas y el pico también rojo
Cómo se desplaza	Viaja una distancia equivalente a dos vueltas a la Tierra cada año; es el único que puede volar del polo Norte al polo Sur. El charrán ártico ha aprendido a realizar la mayoría de sus tareas en el aire, por lo que aterrizan solo una vez cada uno o tres años
Reproducción	Los charranes árticos se aparean de por vida, pero la pareja debe ponerse de acuerdo en el sitio para su nido

Después de criar a sus polluelos, se embarcan en una increíble migración hacia la Antártida. Estas aves vuelan desde el Ártico hasta los océanos cercanos a la Antártida en busca de comida.

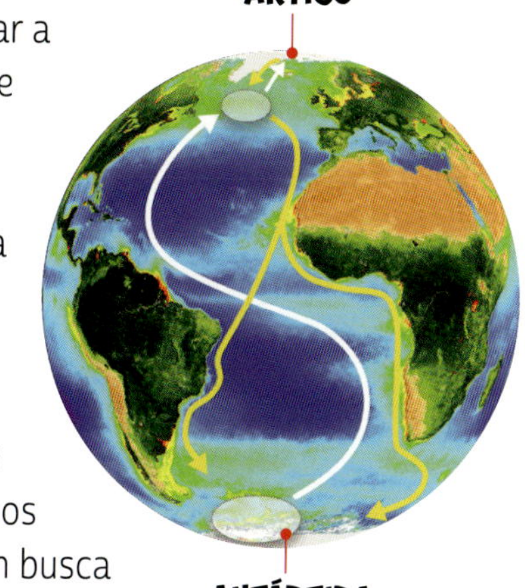

79 PIQUERO DE PATAS AZULES

Patas turquesas

El piquero de patas azules (*Sula nebouxii*) es un ave marina que habita en las Islas Galápagos y otras áreas del océano Pacífico.

Son hábiles pescadores. Desde el aire, detectan a los peces que nadan cerca de la superficie y se sumergen rápidamente en picado para atraparlos.

Alimentación	Carnívora, basada en peces como sardinas, anchoas, caballas y calamares
Tipo de piel	Las plumas en la parte principal de su cuerpo son de color blanco y su cuello tiene plumas de color gris más oscuro. Su parte trasera tiene plumas marrones
Cómo se desplaza	En el momento que avistan su presa, se lanzan en vertical hacia el agua, a una velocidad que puede alcanzar los 100 km/h
Reproducción	Para el apareamiento, el piquero de patas azules macho elabora un ritual de cortejo, donde comienza a presentar a la hembra una piedra o un palo. Seguidamente «baila» alrededor de ella mostrando sus patas azules. Las hembras ponen dos o tres huevos y el período de incubación es de 45 días

80 FRAGATA

La pirata del cielo

La fragata real (*Fregata magnificens*) es un ave que destaca por su apariencia elegante. Pero su aspecto más destacado es una bolsa en el cuello de un rojo intenso y deslumbrante. ¡Es como llevar un collar de lujo!

Durante la temporada de apareamiento, los machos hinchan su bolsa roja en el cuello, haciéndola parecer aún más grande y llamativa. Realizan movimientos y sonidos especiales para atraer la atención de las hembras.

- Las fragatas son expertas en robar comida de otras aves en pleno vuelo. ¡Son muy hábiles y rápidas! Emiten sonidos de alta frecuencia y luego interpretan los ecos que rebotan en los objetos y presas cercanas.

Alimentación	Se alimenta principalmente de peces pequeños, además de calamares, medusas y crustáceos
Tipo de piel	Los machos tienen un plumaje negro brillante
Cómo se desplaza	Las fragatas logran volar durante meses sin posarse y llegan a recorrer hasta 400 km de media cada día
Reproducción	Si la hembra acepta al macho, empiezan a construir el nido y la hembra pone un huevo. Ambos incuban siguiendo turnos semanales

81 FRAILECILLO

El loro del mar

El frailecillo (*Fratercula arctica*) habita en el norte de Canadá, Estados Unidos y Europa. Su rasgo más llamativo es su pico, grande, ancho y triangular. ¡También es muy colorido!

Los tonos rojo, naranja y amarillo de su pico le ayudan a atraer a sus parejas durante la época de cortejo.

- Estas aves marinas prefieren vivir en acantilados altos, donde forman grandes colonias a resguardo de los depredadores terrestres. Allí construyen sus nidos en la parte más alta, donde cuidan y alimentan a sus crías con peces frescos.

Alimentación	Su dieta se compone de peces y crustáceos pequeños
Tipo de piel	El dorso del cuerpo es de color negro y la parte del vientre blanca
Cómo se desplaza	En el agua, nada ágilmente y se zambulle con frecuencia. Aunque tiene unas alas cortas, esta ave puede alcanzar los 90 km/h
Reproducción	Ponen un huevo por pareja dentro de madrigueras excavadas con sus picos, o en agujeros naturales de las rocas. Forman colonias muy grandes

82 AVESTRUZ El ave terrestre más grande

Los avestruces (*Struthio camelus*) son aves que no pueden volar, pero ¡son capaces de correr muy rápido! Alcanzan una velocidad increíble de hasta 70 km/h. Sus piernas largas y poderosas les permiten dar zancadas de hasta 5 m de longitud.

Alimentación	Al consumir vegetales, prefieren flores y frutos, desechando generalmente las hojas
Tipo de piel	El plumaje de los avestruces se asemeja al pelo y es suave y liso. No es impermeable, por lo que se empapan cuando llueve
Cómo se desplaza	Su facilidad para la carrera les permite hacer grandes desplazamientos, entre 10 y 40 km diarios, en busca de alimento y agua
Reproducción	Varias hembras depositarán sus huevos en nidos comunales en la arena que el macho ha cavado. Solo la hembra alfa trabajará con el macho para incubar los huevos, turnándose para sentarse en el nido. Las hembras se sientan en los huevos durante el día y los machos durante la noche

Los huevos de los avestruces son los más grandes de todos los animales. ¡Tienen un tamaño de 15 cm de largo y pesan más de 1 kg! Los polluelos al nacer pueden tener el mismo tamaño que una gallina.

Los avestruces tienen cuellos largos y descubiertos de plumas

- Los avestruces no tienen dientes, así que no pueden masticar su comida. En lugar de eso, usan su pico para recoger semillas, frutas, hierba e incluso pequeños animales. Tragan piedras pequeñas que van a parar a un órgano llamado molleja, donde las usan para moler la comida y digerirla mejor.

- ¿Sabías que los avestruces no necesitan beber agua? Obtienen el agua que necesitan de las plantas que ingieren.

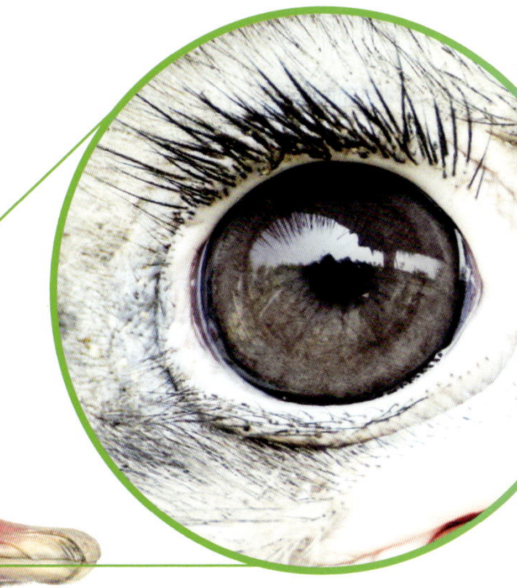

Las patas del avestruz son largas, sin plumas y muy musculosas.

Además de ser las aves de mayor tamaño de la Tierra, los avestruces tienen los ojos más grandes de entre todos los animales terrestres. Cada uno de sus ojos mide 5 cm de diámetro. ¡Son más grandes que su cerebro!

83 KIWI Un ave sin alas

Los kiwis son aves muy singulares que solo viven en Nueva Zelanda. Estas aves, que no pueden volar, tienen patas fuertes, un pico alargado y fino, y no tienen cola.

- Aunque los kiwis son aves pequeñas, ponen huevos muy grandes. ¡Pueden pesar más de 400 g!

Alimentación	Son omnívoros: para alimentarse, incrustan el pico en el suelo en busca de lombrices, insectos y otros invertebrados. También comen cocos y, si la oportunidad se presenta, pequeños cangrejos de río, anfibios y anguilas
Tipo de piel	No tiene verdaderas plumas, sino suaves cerdas
Cómo se desplaza	Sus fuertes y musculosas patas de cuatro dedos con almohadillas les permiten correr muy rápido y silenciosamente
Reproducción	Una vez juntos, crean sus nidos en espacios subterráneos. La hembra pone dos únicos huevos en cada puesta, y es el macho quien los empolla

¿Sabías que los kiwis son las únicas aves cuyas fosas nasales se encuentran al final de sus picos? Así pueden encontrar mejor sus presas.

84 CASUARIO

El ave más peligrosa

Los casuarios (*Casuarius casuarius*) son aves realmente grandes. ¡Pueden llegar a medir hasta 1,8 m de altura y pesar más de 50 kg! Sus sólidas y fuertes patas cuentan con unas garras largas y puntiagudas como cuchillos.

Alimentación	Se alimentan principalmente de fruta, que recogen del suelo o arrancan de las ramas inferiores. También comen setas, insectos, ranas, serpientes y otros pequeños animales
Tipo de piel	Su cuerpo está cubierto de finas plumas de color negro que tienen un aspecto similar a un cabello grueso. Este denso plumaje lo protege de las espinas presentes en la vegetación. El cuello y la cabeza están desprovistos de plumas, y tienen un brillante color azul y rojo
Cómo se desplaza	El casuario no vuela, pero puede alcanzar los 50 km/h en carrera y dar saltos de casi 2 m de altura
Reproducción	Las hembras ponen los huevos y los machos los incuban, encargándose del cuidado de los polluelos durante al menos nueve meses

- Los casuarios ponen huevos realmente grandes. ¡Pueden medir hasta 14 cm de longitud! Son superados solo por los de avestruz y emú.

85 EMÚ Otra ave que no vuela

El emú (*Dromaius novaehollandiae*) es el ave más grande de Australia y la segunda más grande del mundo después del avestruz. Puede llegar a medir hasta 2 m de altura y pesar alrededor de 60 kg.

Alimentación	Se alimenta de materia vegetal, frutas, semillas y brotes, y también algunos insectos
Tipo de piel	Tienen el plumaje color castaño a gris con apariencia lanuda; las puntas de las plumas son negras
Cómo se desplaza	Sus largas y poderosas patas les permiten desplazarse con facilidad; pueden mantener los 50 km/h
Reproducción	La hembra es la encargada de buscar una pareja y una vez que la ha encontrado, comienza a poner de 10 a 20 huevos en un nido realizado en el suelo. El macho se encarga de incubarlos

El plumaje del emú es marrón o grisáceo, lo cual le permite camuflarse con el entorno. Estas aves son omnívoras, es decir, que comen un poco de todo.

86 KAKAPO Un loro que trepa

El kakapo (*Strigops habroptilus*) es un loro que podemos encontrar solo en Nueva Zelanda. Es la única especie de loro en el mundo que no puede volar. Aun así, es capaz de trepar por los árboles gracias a sus fuertes patas.

El kakapo es un ave de hábitos nocturnos. Durante el día, se mantienen ocultos en los refugios donde duermen. Por la noche, salen a explorar en busca de alimento. Gracias a sus grandes ojos, pueden ver en la oscuridad.

Alimentación	Los kakapos son herbívoros y comen una gran variedad de plantas, semillas, frutas y polen
Tipo de piel	Poseen plumas de color verde musgo mezcladas con negro en la parte posterior que les permiten camuflarse con la vegetación de su hábitat
Cómo se desplaza	Suele desplazarse por el suelo de manera constante en busca de alimento
Reproducción	Las parejas se forman únicamente para la reproducción y después se separan. Solo tienen cría una vez cada 10 años

87 RATA TOPO DESNUDA

Un mamífero extraño

La rata topo desnuda es capaz de aguantar 5 horas sin oxígeno.

La rata topo desnuda (*Heterocephalus glaber*) vive en las zonas áridas del este de África y es famosa por una característica muy llamativa: ¡no tiene ni un solo pelito en su piel! En cambio, tienen una piel arrugada y de color rosado.

Estos roedores se alimentan de tubérculos y raíces que encuentran bajo tierra. Así que, gracias a sus túneles, pueden comer sin miedo a encontrarse con un depredador.

Alimentación	Se alimenta de raíces y tubérculos
Tipo de piel	Tienen bigotes y pelaje sensorial en la cara y la cola que les ayuda a desplazarse por los túneles
Cómo se desplaza	Los topos llevan una vida subterránea y pasan la mayor parte de su tiempo en soledad, moviéndose en una red de túneles subterráneos de unos 18/25 cm de profundidad (que pueden extenderse además por cientos de metros)
Reproducción	La hembra da a luz de tres a cinco crías. Estas nacen con un tamaño no mayor a los 3,5 cm y carecen totalmente de pelo

La ausencia de pelo en la piel de la rata topo desnuda es una adaptación especial a su estilo de vida subterráneo. Sin pelo, no se ensucian tanto al moverse por los túneles llenos de tierra.

Las ratas topo desnudas son animales muy sociables que viven en grandes familias de hasta 70 u 80 miembros. Basan su convivencia en un sistema de castas: una reina y sus trabajadoras habitan la misma colonia, y solo la reina se reproduce con machos de su colonia.

88 TOPO

Animalito solitario

El topo europeo (*Talpa europaea*) es un increíble animalito que podemos encontrar en muchas partes de Europa y Asia. Es un experto excavador que utiliza sus fuertes patas delanteras adaptadas para cavar bajo tierra.

Alimentación	Su dieta se compone de lombrices de tierra, insectos y larvas de insectos. También come mamíferos pequeños, como ratones
Tipo de piel	Su piel tiene un pelo suave y sedoso que facilita el movimiento por la madriguera
Cómo se desplaza	Es capaz de desplazarse hacia delante y hacia detrás por su madriguera
Reproducción	La gestación dura 30 días, y pare de tres a seis crías

- ¿Sabes cuál es la comida favorita de los topos? ¡Las lombrices! Gracias a su olfato agudo y su habilidad para detectar las vibraciones, puede localizar a las lombrices y atraparlas en la oscuridad.
- A través de una red de túneles, los topos crean su hogar y se mantienen a salvo de los depredadores. Al excavar y revolver la tierra, también ayudan a mejorar la calidad del suelo.

89 PICHICIEGO MENOR

Un armadillo rosa

El pichiciego menor (*Chlamyphorus truncatus*) es un pequeño armadillo nativo de algunas regiones de Argentina. Su cuerpo está cubierto de escamas duras que le brindan una protección especial.

Alimentación	Se alimenta principalmente de hormigas y sus larvas, y a veces también de gusanos, caracoles, otros insectos, y varias plantas y raíces
Tipo de piel	Su piel es rosada, con pelos blancos en la panza. Tiene una armadura que le cubre el lomo y la cabeza.
Cómo se desplaza	Se desplazan por debajo de la tierra, haciendo túneles con sus patas adaptadas con uñas prominentes para excavar
Reproducción	No se sabe mucho sobre la reproducción de esta especie. Probablemente la hembra da a luz a una o dos crías

- Estos animales prefieren vivir en áreas secas y arenosas, como los desiertos y las estepas, ya que estos lugares proporcionan el entorno perfecto para sus necesidades.

90 LOMBRICES

Pequeñas e importantes

Las lombrices de tierra son parte de un grupo de animales llamado anélidos. Estos pequeños excavadores viscosos están adaptados para vivir bajo tierra. y pueden encontrarse en diferentes partes del mundo.

Alimentación	Digieren cualquier resto orgánico
Tipo de piel	El cuerpo de la lombriz consta de una serie de anillos (hasta 180) unidos entre sí. Cada uno de los anillos posee una serie de pelillos que le sirven para desplazarse y que también actúan como órganos sensoriales
Cómo se desplaza	Se mueven arrastrándose, estirando y contrayendo los músculos fuertes de sus cuerpos
Reproducción	Cada lombriz deposita una cápsula con de dos a 20 embriones, que a su vez, después de 14 a 21 días de incubación, eclosiona, surgiendo lombrices en condiciones de moverse y nutrirse de inmediato

- Las lombrices de tierra son muy importantes para los ecosistemas, ya que se alimentan de restos de plantas y otros materiales en descomposición. A medida que se mueven por el suelo, ingieren estos materiales y los descomponen aún más, ayudando a mejorar la calidad del suelo.

91 GRILLO TOPO

Un grillo excavador

El grillo topo (*Gryllotalpa gryllotalpa*) es un insecto que está adaptado para vivir en el subsuelo. Esta especie es bastante diferente al resto de grillos, ya que excava galerías en el suelo donde construye su hogar.

- El grillo topo tiene unas potentes patas delanteras que son su herramienta principal para cavar galerías en el suelo. Estas patas están especialmente adaptadas para excavar y mover la tierra con facilidad. ¡Son como excavadoras!

- Durante el cortejo, los machos construyen una madriguera especial donde producen y amplifican el sonido de sus canciones para atraer a las hembras.

Alimentación	Come gusanos y larvas de insectos y raíces de plantas
Tipo de piel	Tiene el cuerpo duro y cubierto con una capa de pelillos finos parecida al terciopelo
Cómo se desplaza	Los adultos de algunas especies de grillos topo pueden desplazarse hasta 8 km durante la temporada de cría
Reproducción	Los grillos vuelan al anochecer, se aparean y ponen huevos poco después. Los huevos eclosionan en un par de semanas y las ninfas pequeñas que emergen comienzan su desarrollo

92 MONO ARDILLA Primate pequeño y ágil

El mono ardilla (*Saimiri sciureus*) es un animal que habita en los bosques de algunas regiones de América del Sur. Se trata de una especie arborícola, lo cual quiere decir que está adaptada a vivir entre las copas y ramas de los árboles. ¡Es habitual verlos saltando con destreza y rapidez de rama en rama!

Alimentación	Es omnívoro y su alimentación se compone de frutos, bayas, nueces, flores, semillas, hojas, resinas, néctar y pequeños vertebrados
Tipo de piel	El color de su pelaje, grueso y corto, es una mezcla de gris, verde olivo y amarillo, excepto en el vientre y en la cara, que es de color blanco con el hocico negro
Cómo se desplaza	El mono ardilla es un animal muy activo que se desplaza a cuatro patas y es capaz de saltar y moverse con gran habilidad entre las ramas
Reproducción	La gestación dura casi seis meses, tras los cuales nace una cría; los machos se desentienden de la crianza y son otras hembras del grupo las que ayudan a las madres en el cuidado de los bebés

Es muy sociable. Vive en grandes familias que pueden estar formadas por entre ¡10 y 500 individuos! Juntos juegan, buscan comida y se cuidan unos a otros.

- Utilizan diferentes sonidos para comunicarse entre sí, desde llamadas de alarma para advertir sobre peligros hasta chillidos agudos para mostrar excitación.

- Estos monos desempeñan un papel importante en el equilibrio de los ecosistemas. Ayudan a dispersar las semillas de las frutas que comen, lo que ayuda a que crezcan nuevos árboles y plantas en la selva.

93 TITÍ El primate más pequeño

El tití común (*Callithrix jacchus*) es un mono diminuto. ¡Solo mide unos 18 cm de largo y pesa alrededor de 200 gr! Vive en grupos de entre nueve y quince individuos. Siempre está saltando y moviéndose entre las ramas de los árboles, donde encuentra su comida.

- Los titís son muy emotivos. Son capaces de expresar vívidamente sus sentimientos mediante diferentes expresiones faciales, el movimiento de los mechones de pelo de su cabeza y varias señales vocales.

- El tití común se alimenta de savia de los árboles e insectos. Les encanta explorar y buscar su comida en los troncos y ramas.

Alimentación	Se alimenta de frutas, insectos, hojas y en ocasiones pequeños reptiles. También de las hojas delgadas de las copas de los árboles
Tipo de piel	Tiene un pelaje suave y sedoso. Cuando se ven amenazados, los monos tití levantan el pelaje blanco de su cabeza para parecer más grandes
Cómo se desplaza	Poseen gran agilidad y una enorme fuerza en sus patas que les facilita saltar distancias de hasta 5 m para agarrarse a otro árbol o rama cuando se desplazan
Reproducción	Suelen tener de una a dos crías, las cuales son cargadas por turnos por los diferentes adultos integrantes del grupo

94 PEREZOSO

El mamífero más lento

Los perezosos son unos animales conocidos por su lentitud y gran afición a dormir. Pasan la mayor parte de su tiempo en los árboles.

- Pueden dormir entre 15 y 18 horas al día. Esto se debe a su metabolismo lento y su estilo de vida tranquilo.

- Gracias a sus garras y músculos especiales, pueden sujetarse firmemente a las ramas. ¡Son expertos escaladores! Prefieren vivir en las partes más altas, donde encuentran hojas para alimentarse.

Alimentación	Comen yemas, brotes tiernos y hojas principalmente, aunque también pueden comer frutos y flores. Complementan su dieta con insectos y pequeños reptiles
Tipo de piel	Los pelos de los perezosos tienen microfisuras en las que prosperan las algas y los hongos
Cómo se desplaza	Se desplaza lentamente a través de su hábitat selvático, y es un excelente nadador
Reproducción	Las hembras tienen una sola cría que mide unos 25 cm y pesa alrededor de 350 gr. Los perezosos recién nacidos se mantienen aferrados a sus madres gracias a sus garras y se independizan entre los seis a nueve meses

95 CANGURO ARBORÍCOLA

Adaptado a la vida en los árboles

El canguro arborícola de Goodfellow (*Dendrolagus goodfellowi*) vive en los árboles de Nueva Guinea. Se siente como pez en el agua entre las ramas de los árboles.

Alimentación	Tiene una dieta variada de hojas, capullos, flores y frutas
Tipo de piel	Su pelo es corto y denso, y su color suele oscilar entre el castaño y el pardo rojizo en las partes superiores, crema en las inferiores incluidas las patas y la cara de color pardo grisáceo
Cómo se desplaza	Pasa la mayor parte de su tiempo en los árboles y se mueve con lentitud, pero con precisión, aunque puede caminar y saltar rápidamente en el suelo
Reproducción	Tienen uno de los períodos de gestación más largo de entre los marsupiales, de 246 a 275 días, siendo su cría bastante más madura que las de otros canguros

Gracias a su cola larga y musculosa puede mantener el equilibrio mientras se mueve de una rama a otra. También posee garras afiladas que le permiten aferrarse con firmeza a las ramas.

96 PANTERA NEBULOSA

Excelente trepador

La pantera nebulosa (*Neofelis nebulosa*) es un felino asombroso que habita en los misteriosos bosques tropicales del sudeste de Asia. Se trata de un depredador experto en la vida arbórea.

Gracias a sus garras afiladas, la pantera nebulosa puede trepar por los árboles con gran agilidad. Además, cuenta con una larga cola, que le ayuda a mantener el equilibrio en las alturas.

Alimentación	Atrapa a los animales en los árboles, sobre todo primates, aunque también caza roedores y pequeños mamíferos, aves e incluso puercoespines
Tipo de piel	Su pelaje está cubierto de grandes manchas irregulares con borde negro e interior pardo, lo que la ayuda a camuflarse entre las hojas
Cómo se desplaza	Se mueve ágilmente por las ramas gracias a su larga cola, que actúa a modo de balancín
Reproducción	Las hembras dan a luz una camada de una a cinco crías

97 MURCIÉLAGO El único mamífero volador

Los murciélagos son mamíferos voladores que pertenecen a la familia de los quirópteros. Aunque a veces tienen mala fama, no son peligrosos para las personas.

Alimentación	Se alimenta de insectos, frutos, néctar, polen, flores, otros vertebrados (peces, ranas, ratas, aves) e incluso sangre de aves y mamíferos
Tipo de piel	Las alas de los murciélagos son superficies tan finas como el papel, de piel elástica, que van desde la barriga y la espalda hasta las patas y la cola
Cómo se desplaza	La velocidad a la que vuelan los murciélagos es notable y se suele comparar con la velocidad de vuelo de una golondrina
Reproducción	Las camadas suelen consistir en una o dos crías por parto, y la lactancia se inicia a los pocos minutos de nacer. La cría de murciélago nace completamente desarrollada, pero los recién nacidos dependen de los cuidados de su madre durante toda la época juvenil

Los murciélagos tienen tienen un peculiar sistema de orientación, la ecolocalización, que es similar al sonar de un submarino. Algunas especies utilizan este método para encontrar su comida, especialmente aquellos que se alimentan de insectos. ¡Pueden «ver» en la oscuridad de la noche sin usar sus ojos!

El murciélago nariz de cerdo de Kitti, también conocido como murciélago abejorro, es el murciélago más pequeño del mundo. Vive en Tailandia y mide solo 30 mm de largo y pesa apenas 2 g. ¡Es tan diminuto como un abejorro!

Los únicos mamíferos capaces de volar son los murciélagos. Sus patas delanteras se han adaptado para desarrollar alas, permitiéndoles surcar los cielos. Muchos de ellos son nocturnos, pero también hay especies diurnas.

Algunas especies de murciélagos se alimentan del néctar que producen las flores. Un ejemplo es el murciélago *Anoura fistulata*, que mide alrededor de 6 cm de longitud, pero su lengua puede llegar hasta los 8,5 cm. ¡Es una lengua muy larga para alcanzar el dulce néctar!

98 GRILLO

Un gran músico

Los grillos son insectos famosos por llenar las noches con sus melodías. En todo el mundo existen más de 3000 especies diferentes de grillos. El grillo doméstico (*Acheta domesticus*) es uno de los más conocidos, al igual que el grillo de campo (*Gryllus campestris*).

Alimentación	Los grillos son omnívoros. La alimentación del grillo doméstico se limita a los restos de comida que encuentra, mientras que el campestre se alimenta de hojas, semillas, raíces, frutos y en alguna ocasión de otros insectos
Tipo de piel	Tienen una «piel» muy dura y resistente llamada exoesqueleto
Cómo se desplaza	Sus patas están adaptadas al salto, pero saltan menos que los saltamontes. En cambio, corren por el suelo con rapidez
Reproducción	El macho atrae a la hembra a través del sonido que emite con sus alas. Las hembras ponen los huevos en la tierra; llegan a tener unas 200-300 crías en el transcurso de su vida

Contrario a lo que se suele pensar, los grillos no producen su música frotando las patas. En realidad, tienen unas estructuras especiales en las alas que, al frotarlas entre sí, producen ese sonido característico.

¿Sabías que los grillos tienen oídos especiales en sus patas más grandes? Estos órganos les permiten captar los sonidos de sus compañeros de canto y comunicarse así en la oscuridad de la noche.

99 LECHUZA La reina de la noche

La lechuza común (*Tyto alba*) es un ave fascinante, que se encuentra en casi todo el mundo. Se trata de aves depredadoras que aprovechan la oscuridad de la noche para sorprender a sus presas.

Alimentación	Se alimenta de topillos, varios tipos de ratones, pequeñas ratas, musarañas, crías de conejos, otros mamíferos, ciertos tipos de aves, lagartijas, insectos y, a veces, ranas o peces
Tipo de piel	El plumaje de estas aves es muy espeso y muy blando, con diferentes matices amarillos, rojizos, pardos y negros
Cómo se desplaza	Las lechuzas se desplazan silenciosamente. Se puede oír el canto, pero nunca su vuelo. Poseen plumas suaves que les permiten volar sin hacer ruido
Reproducción	La lechuza puede poner de cinco a siete huevos cada vez. El macho irá a buscar comida mientras la hembra se queda para cuidar de los huevos

Esta especie tiene una característica única en su rostro. Las plumas forman un disco alrededor de su cara, lo cual les ayuda a escuchar mejor. Esta adaptación les permite detectar incluso los sonidos más sutiles de sus presas.

100 BÚHO REAL El ave que caza en la oscuridad

El búho real (*Bubo bubo*) es una majestuosa ave rapaz nocturna que se encuentra en Europa, Oriente Medio y Asia. Se trata del búho de mayor tamaño, cuyas alas pueden superar el metro de longitud además de alcanzar un peso corporal de 4 kg.

Alimentación	Su presa habitual es el conejo, aunque también captura erizos y una amplia variedad de aves, reptiles, peces y anfibios
Tipo de piel	De su aspecto destacan sus ojos color naranja, su corpulencia y sus garras. Esta rapaz posee un plumaje con tonos leonados, pardos y marrones
Cómo se desplaza	No son aves migratorias; suelen vivir en el mismo lugar durante toda su vida, salvo en casos de extrema necesidad, como la destrucción de su hogar o la falta de alimento
Reproducción	La hembra puede poner hasta diez huevos, aunque lo más común es que sean tres o cuatro. Para poner los huevos suelen aprovechar cavidades naturales en árboles, acantilados o nidos abandonados de otras aves. La cría es cuidada por ambos padres

101 MAPACHE El rey de la supervivencia

El mapache (*Procyon lotor*) es un animal conocido por su inteligencia, lo cual le permite tener habilidades para adaptarse a diferentes entornos. Se encuentra en diversas regiones de América. ¡Su rasgo más famoso es su característica máscara facial!

Alimentación	Es omnívoro y come lo que está disponible, incluyendo huevos, cangrejos, aves, reptiles, anfibios, frutas, semillas y hasta basura
Tipo de piel	El pelaje es gris tirando a negro, en ocasiones rojizo y marrón, aunque son su cola anillada y el antifaz en el rostro sus características físicas más reconocidas
Cómo se desplaza	Los mapaches son excelentes escaladores y fuertes nadadores
Reproducción	El período de gestación dura 63-65 días y, por lo general, nacen de dos a cinco pequeños mapaches

Gracias a sus hábiles patas delanteras, los mapaches pueden realizar tareas sorprendentes. Algunos mapaches han sido observados lavando sus alimentos en agua antes de comerlos, y también son capaces de abrir cubos de basura en busca de comida.